八段锦研究与实践

导引功法研究及八段进阶训练法

李峰 徐一菲 戴宁 著

上海科学技术文献出版社
Shanghai Scientific and Technological Literature Press

图书在版编目（CIP）数据

八段锦研究与实践：导引功法研究及八段进阶训练法 / 李峰著 . —上海：上海科学技术文献出版社，2021
ISBN 978-7-5439-8315-1

Ⅰ.①八… Ⅱ.①李… Ⅲ.①八段锦—基本知识 Ⅳ.① G852.9

中国版本图书馆 CIP 数据核字（2021）第 067600 号

选题策划：张　树
责任编辑：王　珺
封面设计：留白文化

八段锦研究与实践：导引功法研究及八段进阶训练法
BADUANJIN YANJIU YU SHIJIAN: DAOYIN GONGFA YANJIU JI BADUAN JINJIE XUNLIANFA
李　峰　徐一菲　戴　宁　著
出版发行：上海科学技术文献出版社
地　　址：上海市长乐路 746 号
邮政编码：200040
经　　销：全国新华书店
印　　刷：常熟市华顺印刷有限公司
开　　本：900mm×1300mm　1/16
印　　张：11.5
字　　数：114 000
版　　次：2021 年 6 月第 1 版　2021 年 6 月第 1 次印刷
书　　号：ISBN 978-7-5439-8315-1
定　　价：58.00 元
http://www.sstlp.com

目录

上编

第一章　导引与健康　2

第一节　导引溯源及功效　3
第二节　导引的效应机制　4
第三节　导引功法的形成　5
第四节　导引功法的分类　7

第二章　八段锦导引功法溯源　9

第一节　八段锦的命名及分类　9
 1. 八段锦的命名　9
 2. 八段锦的分类　10
第二节　八段锦功法发展历程　12
 1. 起源　12
 2. 成型演化　16
 3. 式微复兴　26
 4. 蓬勃发展　28
第三节　八段锦体式演化　29
 1. 坐式八段锦（按摩导引术）　31
 2. 立式八段锦（动形导引术）　31
第四节　八段锦流派　37
 1. 文八段（十二段锦为主的按摩导引术）　38
 2. 文八段（南派——站立式动形导引术）　39
 3. 武八段（北派——马步式动形导引术）　39
第五节　八段锦疗疾验案　40

下编

第三章　八段锦现代研究　　44

第一节　八段锦与心血管疾病　　45
第二节　八段锦与神经系统疾病　　46
第三节　八段锦与呼吸系统疾病　　46
第四节　八段锦与内分泌系统疾病　　47
第五节　八段锦与骨关节疾病　　48
第六节　八段锦与精神心理疾病　　49

第四章　八段进阶训练法　　51

第一节　第一段——调式训练　　51
　　1. 立式八段锦　　51
　　2. 坐式八段锦　　73
　　3. 盘式武八段　　92
　　4. 舱内八段锦　　110
　　5. 基本要领　　128
第二节　第二段——调形训练　　129
　　1. 形体与五脏　　130
　　2. 训练要求　　133
第三节　第三段——调筋骨训练　　135
　　1. 筋骨与脏腑　　135
　　2. 筋骨之保健　　136
　　3. 八段锦调筋骨训练　　136
第四节　第四段——调息训练　　137
　　1. 腹式呼吸训练　　137
　　2. 逆腹式呼吸训练　　139

第五节　第五段——调神训练　　　　　140
　　1. 心主神明　　　　　　　　　　　140
　　2. 情志与健康　　　　　　　　　　141
　　3. 八段锦调心训练　　　　　　　　142
第六节　第六段——调经络训练　　　　142
　　1. 经络与脏腑　　　　　　　　　　142
　　2. 八段锦调整经络之研究　　　　　148
　　3. 八段锦调经络训练　　　　　　　150
第七节　第七段——调意念训练　　　　152
　　1. 意念与健康　　　　　　　　　　152
　　2. 八段锦与意念　　　　　　　　　153
　　3. 八段锦调意念训练　　　　　　　154
第八节　第八段——调气训练　　　　　154
　　1. 气与脏腑　　　　　　　　　　　155
　　2. 气与保健　　　　　　　　　　　155
　　3. 八段锦与调气　　　　　　　　　156
　　4. 八段锦调气训练　　　　　　　　157

第五章　八段锦配合六字诀训练法　158

第一节　六字诀溯源　　　　　　　　　158
第二节　六字诀之研究　　　　　　　　161
第三节　八段锦配合六字诀训练　　　　162

参考文献　　　　　　　　　　　　　　165

下编

前言

2019年底，突如其来的新型冠状病毒袭击了人类，也将人们的健康意识大大提高。国家卫生健康委员会与国家中医药管理局发布的《新型冠状病毒肺炎诊疗方案》（试行第六版）中强调了在西医治疗的同时要重视中医药的作用，一些中医专家在总结抗疫经验时也肯定了八段锦等功法在治疗疾病、预后保健上的积极作用。八段锦功法的原理及相关知识也随着一些网络上热传的医护人员及患者齐打八段锦的视频，走进了大众的视野，引起了广泛的关注。

八段锦最初作为一种养生的功法，起源于宋代，随着历史的发展、时代的更迭，八段锦也不断发展和完善，根据功法特点不同有武八段和文八段之分，亦有坐式八段锦和立式八段锦之分。

2003年，国家体育总局对以动形功法为主的八段锦进行了系统地整理与编创，形成了大家现在所熟知的八段锦，现在中小学生广播体操的设计也参考了八段锦。其实，从古今相关记载、实践和研究来看，八段锦不仅有养生的作用，还是一种预防、治疗疾病和康复锻炼的方法。同时它内容丰富、简单易学、节奏缓慢、动作柔和、所需空间小，具备调身、调心、调息的作用，可以调节五脏和阴阳平衡。一位太极拳全国武术冠军表示："我自幼习武，掌握太极拳、易筋经、五禽戏、六字诀、八段锦等多种强身健体的功法，然而在日常生活中，我最喜欢的功法是八段锦。如果让我只选择一种功法进行每日锻炼的话，非八段锦莫属。"

八段锦由八项术势组成，内容丰富、简单易学，这八项术势可以调动全身90%以上的肌肉，且动作柔和、节奏缓慢、有松有紧，可以达到放松身心的目的。同时通过刺激经络，将肌肉与脏腑相连，从而调理五脏六腑。此外，八段锦施展于方寸之间，所需空间小，且无需任何器械，可以随时随地练习。国内外研究表明，坚持练习八段锦可以改善慢性阻塞性肺疾病患者的肺功能、Ⅱ型糖尿病患者的空腹血糖水平，缓解腰背疼痛和抑郁症状等。因此，我也将八段锦推荐给我的学生练习，提高他们的身体素质，缓解压力。

本书主要介绍以动形为主的八段锦的锻炼方法和保健原理，突出介绍了八段锦动形炼体、抽筋拔骨、调畅经络和调理脏腑的功效以及动作要领、锻炼方法和作用原理。同时，依照锻炼环境和群体的不同，如办公室工位、驾驶位和机舱舰舱，以及年老体弱锻炼者等不同情况，分别介绍了立式八段锦、坐式八段锦、盘式八段锦和舱内武八段四种锻炼方式，便于锻炼者依据锻炼环境条件、自身状况和喜好，灵活选择。四种方法动作同源，调整机体和导引气血的功能和作用机制一致，动作随锻炼环境条件改变而略有不同。立式八段锦动作幅度较大，所需锻炼空间较大，后三者动作幅度较小、所需空间也较小，此外，对于行动不便者，建议以练习坐式八段锦为主。有研究表明，对于冠状动脉搭桥术后患者而言，术后8—21天，适合坐式八段锦的练习，而出院后1—20周则适合立式八段锦的练习。

八段锦的练习可分为八个阶段，依次为调式、调形、调息、调心、调筋骨、调经络、调气和调意念，每个阶段都有各自的要领，当练习到调意念这个阶段时，方可使"形、意、气"紧密结合，达到练习八段锦的最终健身目标。

相信这本书，不仅对八段锦爱好者大有裨益，对广大临床医务工作者和科研工作者，其意义也不言而喻，因为本书不仅系统地梳理了八段锦的源流及其作用，帮助读者更好地认识、理解八段锦的每一式术势及其意义，同时详细地记录了不同形式八段锦的动作及要领，使读者可以根据自身情况（或患者病情）选择适合其练习的八段锦，从而达到预防疾病和康复锻炼的目的。

本书脱胎于国家社科基金特别委托项目"中医药与中华文明"的子项目——"中医治未病与中华文明"，2014年以来在项目负责人敬天林老师的指导和团队成员的大力支持下，基于建设"健康中国"的时代背景，立足于对中华文明宝库的继承、整理和挖掘，突出创造性转化和创新性发展，梳理了导引八段锦的发展源流、理论依据、操作方法的形成与发展，同时基于海军科研重点项目，进一步挖掘了八段锦的应用特点和实践技术。衷心感谢北京中医药大学高级访问学者（原《光明日报》总编辑）敬天林先生致力于健康中国和中华文明及优秀传统文化的弘扬，对本书的创作视角、目的和内容给予的精心指导；衷心感谢海军特色医学中心张建研究员和何颖研究员给予的大力支持和帮助；衷心感谢本项目成员的认真研究和著述。然而，中医治未病与中华文明所倡导的健康生活方式和养生康复措施在具体应用方面尚处于研究探索阶段，尽管参加研究与编写本书的专家，以及出版社的编辑都本着对读者高度负责的态度反复推敲，严格把关，但也难免有疏漏或欠妥之处，敬请广大读者共同研究，多提宝贵意见，以促进导引八段锦等中医治未病和中华文明中的瑰宝的研究和完善。

李　峰
2021 年 5 月

上 编

◆ 第一章　导引与健康
◆ 第二章　八段锦导引功法溯源

第一章　导引与健康

健康长寿是人类的共同追求。那么，在这条道路上有什么秘诀吗？隋唐时期，有"药王"之称的孙思邈，从小体弱多病，却活了一百零二岁（也有考证研究认为活了一百四十一岁）。对于保持健康长寿他强调，欲养生者，必须"兼之以导引行气"，可见导引的养生效果是十分显著的。孙思邈之所以得以高寿，与他坚持习练导引之术是分不开的。所谓"导"是指"导气"，即导气令和；而"引"是指"引体"，即引体令柔。导引是我国古代将呼吸运动（导）与肢体运动（引）相结合的一种养生术。中医学认为，气血运行不畅和平衡失调是影响健康长寿的重要因素。而导引就是在意念的引导下，配合呼吸调整，将形体运动和精神活动密切结合起来，通过躯体、四肢、肌肉、关节进行一定姿势的运动，疏通经络、调整脏腑、行气活血、强筋壮骨、养神益志，即所谓"内炼精气神、外炼筋骨皮"，从而达到养生保健的效果。

第一节 导引溯源及功效

导引在我国起源很早,深受追求养生长寿人士的推崇。据《史记·留侯世家》记载,秦末汉初辅佐刘备征伐天下的张良曾表示"愿弃人间事,欲从赤松子游耳,乃学辟谷、道(导)引、轻身";《后汉书·逸民列传》也提到矫慎"仰慕松、乔导引之术"。说明至少在秦汉时期,导引已作为一种养生保健的方法在一定范围内传播。1974年湖南长沙马王堆3号汉墓出土的帛画《导引图》中,有44个各种人物做各类导引的彩绘形象,更是反映了汉朝导引的发展水平。

除养生之外,中医也把导引作为疾病预防和康复的方法。例如,《史记·扁鹊仓公列传》有这样一段记载:"臣闻上古之时,医有俞跗,治病不以汤液醴酒、镵石、挢引、案

图1 马王堆3汉墓出土的帛画《导引图》

扤、毒熨,一拨见病之应",这里的"挢引"就是导引按蹻。《素问·异法方宜论篇第十二》提到:"中央者,其地平以湿,天地所以生万物也众。其民食杂而不劳,故其病多痿厥寒热。其治宜导引按蹻,故导引按蹻者,亦从中央出也。故圣人杂合以治,各得其所宜,故治所以异而病皆愈者,得病之情,知治之大体也。"东汉名医张仲景所撰《金匮要略》也强调以导引治疗四肢"重滞"症。可见当时导引已经应用于养生保健和疾病的防治和康复过程中。

第二节 导引的效应机制

关于导引的效应机制,《太清导引养生经》是这样描述的:"所以导引者,令人肢体骨节中诸邪气皆去,正气存处。有能精诚勤习履行,动作言语之间,昼夜行之,则骨节坚强,以愈百病。若卒得中风病,宿固,蠚篱不随,耳聋不闻,头眩癫疾,咳逆上气,腰脊苦痛,皆可按图视像,随疾所在,行气导引,以意排除去之。"梁朝陶弘景在《养性延命录·序》中也提到:"服元气于子后,时导引于闲室,摄养无亏,垂饵良药,则百年耆寿,是常分也。"[1]这些论述都对导引的效果机制进行了阐释。

获得诺贝尔奖的屠呦呦教授对青蒿素发明的溯源,把晋代名医葛洪推到了世人面前。其实葛洪也是一位著名的养生家,并对导引术有着丰富的实践经验和深刻的认识。他曾进一步阐明了导引的作用机理,认为:"一则以调营卫,二则以消谷水，三则排却风邪，四则以长进血气。故老君曰："天地之间，其犹橐龠乎！虚而不屈，动而愈出。"言人导引摇动，而人之精神益盛也。导引于外，而病愈于内，亦如针艾攻其荥俞之源，而众患自除于流末也"。在这里他依据天地运行不息的理论，阐述了生命在于运动的观点，尤其是导引，可以像针灸一样发挥治疗的作用。葛洪同时也指出了导引的方法："务于详和，挽仰安徐，屈伸有节。导引秘经，千有余条，或以逆却未生之众病，或以攻治已结之笃疾，行之有效，非空言也。"

第三节　导引功法的形成

人们早期对导引的应用，多根据需要采用某一活动姿势，随着实践经验的积累和总结，成套的导引功法开始出现。唐朝司马承祯在《修真精义杂论·导引论》中把握固、思神、叩齿、引气等各种不同的导引姿势和方法编排为成套的功法，同时也根据动作组合的效用机制更系统地阐述了导引效用机制和应用方法："阴阳相随，内外相贯，如环之无端也。又头者精明之府，背者胸之府，腰者肾之府，膝者筋之府，髓者骨之府。而又诸脉皆属于目，诸髓皆属于脑，诸筋皆属于节，诸血皆属于心，诸气皆属于肺，此四肢八环之朝夕也。是知五劳之损，动静所久，五禽之导，摇动其关，然人之形体，上下相承，气之源流，升降在序。尝见诸导引文多无次第，今所法者实有宗旨。其五体平和者，依常数为之；若一处有所偏疾者，则于其处加数用力行之"。也就是说，人的肢体关节，本资于动用；经脉荣卫，在于宣通。通过导引的锻炼进行养生祛病时，要根据身体的具体情况，辨证行功，对于患病之处加大力度运功调理，即"其诸导引，亦不可总为诸法，恐烦劳，任逐便为之，然终须从首至足，令相承取通也。"

基于道家对养生延年的追求和实践，也形成了许多导引功法，并记载于相关的著作中。

《太清导引养生经》中载赤松子慎修内法为十二段导引法，亦称"赤松子导引祛除百病，延年益寿"。又记载有宁封子导引法，咽气导引法，道林导引要旨，赤松子坐引法，皆为成套的导引术术式。

宋曾慥造辑《道枢》内亦收载了许多功法，重要的有炼精导引法、颐生导引法、延龄导引法、天马立地法、怪柏蟠龙法、握弓挽射法、苍鸦鼓翼法、磨镜闪电法。

金元时期成书的《修真十书》卷19载钟离八段锦法，有图有文有诀，这是现存最早的八段锦；卷24有太上传西王母握固法，吕洞宾小成导引法，明耳目诀，纳津法。

此外，《摄生纂录·导引篇》收赤松子坐引诀，婆罗门导引法十二势；《三洞枢机杂说》有十二般导引法，谓之"日用导引神仙初地门"。

同时，道家养生著作中也收集了医生在诊疗养生康复实践中创编导引功法。如宋张君房《云笈七签》卷三十至三十四中，收有陶弘景导引法，孙思邈导引法等。

第四节　导引功法的分类

在导引功法早期的记载中，多依据作者或功法特点进行分类，如孙思邈导引法、龙行诸法等。随着对导引术的实践和研究，有些著作开始依据导引术的功法原理进行分类。

《灵剑子》（宋朝著作）有导引十六势，分春夏秋冬按时令动功锻炼，补肝、补脾、补心、补肺、补肾，分别施行；

《黄庭内景五脏六腑图》依据脏腑各自的生理特征，列有肺脏导引法、心脏导引法、肝脏导引法、脾脏导引法、肾脏导引法。

后世也有一些专家深入挖掘流行的张三丰武当拳、内家拳、龙虎功、太极拳、八卦掌、行意拳等武术功法的养生祛病的效果，并将之应用于医疗保健实践中，形成武术导引动功之类的炼养功。

随着导引功法在医疗实践中的不断应用，以及养生祛病效果的彰显，许多医学著作对其进行了系统的收录和总结。南朝著名医家陶弘景整理汉晋以来诸法，著有《导引养生图》《导引按摩篇》，有关华佗五禽戏法势的最早记载即见于《导引按摩篇》。又如《养生方》与《养生方导引法》两部著作，其中收载了几百种治病功法，且根据不同的疾病分门列类，隋朝医学家巢元方所撰的《诸病源候论》中，绝大部份引用了《养生方》《养生方导引法》所载的导引气功方法，成为一部把导引功法系统应用于临床的专著。

随着导引功法的应用和推广，有许多功法流传于世，由于类别繁多，令广大习练者尤其是初学者莫衷一是。其实，依据导引术的功法原理，我们可以进行简单分类，更容易抓住功法的特点。

（1）动形导引类功法：如八段锦、易筋经、太极拳、五禽戏、慢行百步法等，属于动形导引类功法，通过动作姿势的锻炼，配合呼吸和意念的调整，达到养生保健的效果，在社会上广为流传，方法简单，易学易练，持之以恒，自见功效，成为大众喜闻乐见的保健功法。这些功法强调在形体活动时配合呼吸行气运动和精神调摄，不仅可以锻炼身体，促进全身关节和肌肉的活动和收缩，还能调整神经功能，达到身心俱调的效果。其中许多导引功法的效果也得到了现代研究的证实。例如有科学研究表明八段锦养生祛病的健身效果非常显著。[2]

（2）按摩导引类功法：如十二段锦、眼保健操等，属于按摩导引类功法，通过自我按摩，配合呼吸和意念的调整，达到养生保健的效果。这些功法强调在按摩时配合呼吸行气运动和精神调摄，不仅可以锻炼身体，调理全身穴位经络，还能调整神经精神活动，达到身心俱调的效果。

（3）呼吸导引类功法：如真气运行法等，属于呼吸导引类功法，通过自我呼吸调整，配合意念的调整，达到养生保健的效果。这些功法强调在调整呼吸时配合精神调摄，不仅可以调整脏腑，还能调整神经精神活动，达到身心俱调的效果。

第二章 八段锦导引功法溯源

八段锦作为极具特色的中医导引养生功法,是中华民族优秀的传统健身项目,也是中国传统养生文化的瑰宝。它起源于南宋时期,至今已有800多年的历史,历经体式与动作的演化发展,在中国导引功法中占据着重要的地位。

随着历史的不断演化,各朝各代的导引术编创者都将自己的实际经验融汇其中,不断发展八段锦。总的来说,八段锦是漫长的历史长河中,人们在养摄生命、对抗疾病的尝试和斗争中积累的宝贵经验的体现。这其中蕴含的丰富医学、文化内涵,值得我们在习练与实践过程中细细品味体会。

第一节 八段锦的命名及分类

1. 八段锦的命名

八段锦是由八节动作组成的一种传统健身保健功法。全套动作精炼,运动量适度,每节动作的设计,都针对一定的脏腑或病症的保健与治疗需要,有疏通经络气血、调整脏腑功能的作用。其动作要领由八节歌诀组成,易于记忆,且术式简单,各节功法都有与内脏相关联的有效作用。其中,"八段"是指功法的节数,"锦",原为织锦,在这里喻义精美可贵,含有"集锦"之意,是指功法的珍贵和奥妙。[3]人们如对丝织品中的"锦"那样欢迎它、爱护它,故名为八段锦。[4]

八段锦之名最早见于宋代,南宋洪迈的《夷坚志》提到:"政和七年,李似矩为起居郎……尝以夜半时起坐,嘘吸按摩,行所谓八段锦者。"[5]该书所述文字是现存文献中对八段锦一词最早的记载。此外,同为宋朝的文献《郡斋读书志》和《朱子语类》也都提到了八段锦一词。[6][7]

有人指出,八段锦是八节连做的健身运动,而为何只用八节术式,可能与北宋盛行太极八卦学说有关。[8]"锦"字除"集锦"之意以外,又有"织锦"之意,比喻功法连绵不断、循环往复。"八"还可以看做一个约数,表示如八卦那样,功法中含有多种要素相互联系、相互制约,以及它们之间的循环运转之意故。合而观之,八段锦可以看作是精选前人功法动作,遵循人体内外联系和动作的内在规律,以连绵不断、简单易行的身体练习为手段,以强健身体、预防疾病为目的的保健练习。[9]

2. 八段锦的分类

八段锦是由八节修炼动作编成的一套有效的导引锻炼

方法，在其发展过程中，也形成了不同的体式和套路。随着历史的发展，八段锦的分类方法多种多样，如按体式可分为立式与坐式；按习练的力道与动作幅度可分为"文八段"与"武八段"以及"南派"与"北派"等。

虽然八段锦的分类繁杂且大多难以溯源，但究其导引动作原理的根本，不外乎动形导引与按摩导引两类，为便于读者的理解与实际应用，后文中将主要运用这种方法对历代的八段锦进行分类。

（1）按体式划分

八段锦按体式可分为立式八段锦与坐式八段锦。"坐式八段锦"提法首见于明末清初医学家曹无极的《万育仙书》，他在转载梁朝陶弘景《延年却病笺》中的"八段锦导引法"时，称其为"八段锦坐功"。后山阴娄寿芝在光绪二年刊行的手辑《八段锦坐立功图诀》[10]中既载录了坐式八段锦功法，也载录了立式八段锦功法，此书名是首次直接通过"坐"功、"立"功的姿势不同对八段锦进行划分。光绪二十九年，上海绛雪斋出版的《八段锦坐像立像》中亦对坐、立八段锦进行了划分。

此外，在特定书籍中，还将坐式与立式八段锦分别称为"文八段"与"武八段"。这种命名方法在民国以前的古籍中没有记录，起初只是民间的一种称呼，至近代杨践形在《指道真诠》中同时收录了来源于坐功"钟离八段锦"的"十二段锦"和来源于本衙版的立式"八段锦"时，才分别将之命名为"文八段锦"与"武八段锦"。

（2）按动作划分

"文八段"与"武八段"的命名除以体式为标准外，还有另一种以动作的力道与幅度进行划分的方法，此时"文八段"指以柔和的动作特点为主的站立式八段锦，又称"南派"八段锦，"武八段"则指以刚劲的动作特点为主的马步式八段锦，又称"北派"八段锦。此种说法在近代民间多有流传，暂无法断定其确切出处。

（3）按功法原理划分

如果进一步研究分析这些分类，我们会发现即使同是立式八段锦或坐式八段锦，不同功法所选用的动作和要领大有不同，因此如果按照功法原理进行划分，我们可以分为两大类，即以动形导引为基本特点和原理的为一类，如我们现在流行的八段锦；以按摩导引为基本特点和原理的为另一大类，如我们现在流行的十二段锦。

第二节　八段锦功法发展历程

1. 起源

最早的八段锦并无"八段锦"之名，而是作为导引术的一部分出现的，在梁朝著名养生学家陶弘景的《养性延命录》中，记载了包括六字诀、五禽戏、养生法在内的众多导引术，其中提到的养生法就是坐式八段锦的前身。早期的八段锦多以按摩导引术为主，其动作原理多通过自我按摩调整经络，达到强身健体的目的。

《养性延命录》中的养生法记载如下:"清旦未起,先啄齿二七,闭目握固,漱满唾三咽气寻闭,不息自极,极乃徐徐出气,满三止";"常每旦啄齿三十六通,能至三百弥佳,令人齿坚不痛。次则以舌搅漱口中津液,满口咽之,三过止";"又法,摩手令热,雷摩身体,从上至下,名曰干浴。"其中提到的叩齿、握固、咽津、摩身等动作与后世坐式八段锦中的"叩齿三十六""握固静思神""赤龙搅水津""闭气搓手热"等动作极为相似,因此可视为坐式八段锦的源头。

这些单式动作虽然集中于坐式八段锦,但此前早已经广为流传,散见于各种养生功法中。这也从侧面说明了,坐式八段锦是在对古代单式导引功法的总结与吸收之后形成的,并非一人一时之创造。[11]

在《养性延命录》一书中,除有对于按摩类导引动作的描述外,还可见到部分以动形为特点的功法描述:"平旦,起,未梳洗前,峻坐……又叉两手向前,尽势推三,次叉两手向胸前,以两肘向前,尽势三;次,直引左臂、拳曲右臂,如挽一斛五斗弓势,尽力为之,右手挽弓势,亦然。次以右手托地,左手仰托天,尽势,右亦如然。次拳两手向前筑,各三七。"由此可知,南朝时,以动形为主的立式八段锦的动作已有雏形,但尚无八段锦或引导诀的名称。

除《养性延命录》外,宋人蒲虔贯的《保生要录》中,也有相近的动作:"故手足欲时其屈伸,两臂欲左挽右挽,如挽弓法;或两手双拓,如拓石法;或双拳筑空,或手臂左右前后轻摆;或头项左右顾;或腰胯左右转,时俯时仰;或两手相捉，细细捩如洗手法；或两手掌相摩令热，掩目摩面。事闲随意为之，各十数过而已；每日频行，必身轻目明，筋节血脉调畅，饮食易消，无所拥滞；体中小不佳快，为之即解。"[12]

在《保生要录》的描述中，可看到诸多与现行八段锦功法相近的动形导引动作：如"两臂欲左挽右挽如挽弓法"与"左右开弓似射雕"相近；"两手双拓如拓石法"与"两手托天理三焦"一说相近；"双拳筑空"与"攒拳怒目增气力"相近；"头项左右顾"与"五劳七伤往后瞧"动作接近；"腰胯左右转，时俯时仰"类似"两手攀足固肾腰"。此时期的八段锦仍旧没有八段锦或导引诀之名，也没有从其他导引术中独立出来。

宋朝曾慥的《道枢》[13]一书中所记载的导引动作在继承了《养性延命录》中按摩导引术的基础之上，又增加了几个新的动作和练功要求。如书中的"七气之诀"提到："吾有七气之诀：一曰叩。叩齿七过，以集其神，心中作观，每一叩齿，而念一星。星者，魁、魀、䰢、䰣、魆、魈、魊。二曰托。托者，先举左手，如托百斤，右手亦然，各上下十八过。三曰张。张者，先引左手，如挽弓，挽弓已，则以足张弩，右手及足亦然，各十八过。四曰摩。摩者，摩左右手热，以摩其耳，谓之发水；次摩其目，各三十六过，谓之发火；次摩其面，以及其身中。五曰摇。摇者，以左右手叉腰，盘足而坐，左摇二肩背甲，右亦然，各十八过。六曰揩。揩者，以左右手相揩热，以揩二肾堂使热。七曰漱。漱者，漱之津液满口方咽之，三过，然后以左右手相揩热，以摩丹田而无数。"

由此可见，除叩齿、漱津、托掌、辘梦转、摩擦肾区等动作外，曾慥在《养性延命录》及《保生要录》的基础上，又增加了摇肩、摩肾堂这两个按摩导引动作。该书的"七气之诀"等篇目所描述的功法虽然依旧没有冠以八段锦之名，但书中描述的动作为后世以十二段锦为代表的按摩导引法的形成奠定了基础。

对于动形导引术，《道枢·众妙篇》中亦有记载，其中提到："至游子曰：仰掌上举，以治三焦者也；左肝右肺，如射雕焉；东西独托，所以安其脾胃矣；反复而顾，所以理其伤劳矣；大小朝天，所以通其五脏矣；咽津补气，左右挑其手；摆鳝之尾，所以祛心之疾矣；左右手以攀其足，所以治其腰矣。"这段动作描述中大致涵盖了"两手托天理三焦""左右开弓似射雕""调理脾胃须单举""五劳七伤往后瞧""摇头摆尾去心火""两手攀足固肾腰"等6个动作，在语言表述上与后代定型的八段锦歌诀化语言较为接近。

综上，至宋朝时，以坐式为主的按摩导引术及以立式功法为主的动形导引术均无特定名称，仅以养生法形式出现。其中，坐式八段锦的按摩导引动作形成时间早于立式八段锦，流传更广；动形八段锦功法的主要动作雏形在南宋前后趋向于定型，并逐渐从其他导引术式中独立出来，功法口诀渐趋歌诀化，但流传不广。

2. 成型演化

（1）元朝——以按摩导引为主的八段锦基本成型

元朝初年的《修真十书·杂著捷径卷之十九》[14]中记载的"钟离八段锦"，是现存的文献中首个详细描述的有八段锦之名的养生功法，其记载如下："闭目冥心坐，握固静思神。叩齿三十六，两手抱昆仑。左右鸣天鼓，二十四度闻。微摆撼天柱，赤龙搅水浑。漱津三十六，龙行虎自奔。闭气搓手热，背摩后精门。尽此一口气，想火烧脐轮。左右辘轳转，两脚放舒伸。叉手双虚托，低头攀足频。以候逆水上，再漱再吞津。如此三度毕，神水九次吞。咽下汨汨响，百脉自调匀。河车搬运讫，发火遍烧身。邪魔不敢近，梦寐不能昏；寒暑不能入，灾病不能迍；子后午前作，造化合乾坤；循环次第转，八卦是良因。"

它在前人所述的按摩导引术的基础上，将功法歌诀化，使其易行易记，便于传播。这已经是对坐式八段锦较成熟的描述了，与后世流传的十二段锦、十六段锦等以按摩导引为主的坐式八段锦功法基本一致。

元末明初，冷谦撰写的《修龄要旨》[15]中亦兼及养生导引术等诸多内容，包含了四时调摄、起居调摄、延年六字总诀、长生一十六字诀、十六段锦、八段锦等多种功法，该书的"八段锦导引法"篇摘录了《修真十书》所载"钟离八段锦法"的总诀部分；明朝贵族朱权撰《新刊京本活人心法》《臞仙活人心方》，卷上亦载有"钟离八段锦"。由此可见，以坐式为主的按摩导引类"八段锦"至少在元朝就已经成型。

（2）明朝——持续发展

明朝时期，元朝《修真十书》中所载的"钟离八段锦法"红极一时，作为按摩导引类八段锦的蓝本，在众多养生家的著作中频频出现，此类功法以对头面及周身的按摩为主，由于其动作进行时均取坐式，所以又有"坐式八段锦"之称。至清朝末年，《新出保身图说·八段锦》中绘制其功法的动作图像，形成歌诀并沿用至今。[16]与此同时，以动形为主的立式八段锦发展缓慢，流传不广，基本处于停滞状态。

① 坐式八段锦

明朝养生家高濂在其专著《遵生八笺·延年却病笺》篇中亦记载有"八段锦导引法图"，其图文基本与《修真十书》所载相同，只多了一段注解和图示说明："高子曰，以上名为八段锦法，乃古圣相传，故为图有八。握固二字，人多不考，岂特闭目见自己之目，冥心见自己之心哉？跌坐时，当以左脚后跟曲顶肾茎根之下动处，不令精窍漏泄云耳。行功何必拘以子午，但一日之中，得有身闲心静处，便是下手所在，多寡随行。若认定二时，忙迫当如之何？为道者，不可不知。"[17]

与《修真十书》所载内容相比，高濂进一步阐释了功法要领，更加便于读者理解和掌握，因而使得《遵生八笺·延年却病笺》所载内容成为又一个比较流行的版本，进一步促进了坐式八段锦的流传和推广。

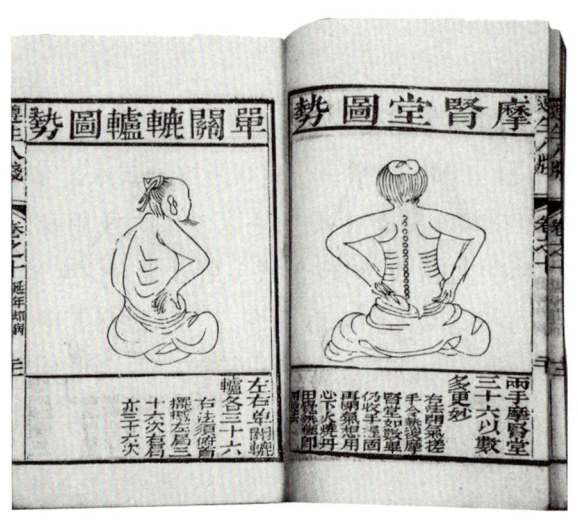

图 2 《遵生八笺》八段锦导引法图

明朝王圻在《三才图会·人事十卷》中所载的"八段锦修真图",即转引自《延年却病笺》。明朝万历年间学者周履靖编集的《赤凤髓》中亦载有"八段锦导引诀",内容与高濂所载基本相同。明末清初的医家曹无极在《万育仙书》中同样转载了《延年却病笺》的"八段锦导引法"并称之为"八段锦坐功";清朝康熙时期,冯曦所编《颐养诠要》同样载有"钟离公八段锦"。

就名称而言,《遵生八笺》和《修龄要旨》中所载的八段锦与《修真十书》中的钟离八段锦的内容完全相同,但是"钟离"二字被省去,只叫作"八段锦"。

② 立式八段锦

除上述以《修真十书》为蓝本的"钟离八段锦法"和

《遵生八笺·延年却病笺》中记载的"八段锦导引法图"版本流传较广以外，明朝胡文焕《类修要诀》[18]中还记载了与现行的动形八段锦相似的"许真君引异诀"。

"许真君引道诀"相传为道教净明派祖师许旌阳所作《灵剑子引导子午记》中所载，其具体练法是："仰托一度理三焦，左肝右肺如射雕。东肝单托西通肾，五劳回顾七伤调。游鱼摆尾通心脏，手攀双足理于腰。次鸣天鼓三十六，两手掩耳后头敲。"

此外，明朝御医龚居中在其著作《福寿丹书·安养篇》中载有"吕真人安乐歌"，具体内容为："双托一度理三焦，左肝右肺如射雕；东脾西肾须单托，元海华池内愿朝。摇头摆手去心病，手扳涌穴理胸腰；每宵如法三度作，方才把火遍身烧。请君子后午前行，管取延年百病消。"又曰："行则措于坦途，往则凝于太虚；坐则调鼻息气，卧则守脐下珠。此上真之口授，夺造化之神机。"就其内容而言，亦与后世八段锦功法有一定的相似之处。

由此可见，我们现在所说的立式动形为主的八段锦和坐式按摩为主的八段锦在早期的养生家眼里是两套完全独立的功法。而且从名称上来看两者并无关系，当时的"八段锦"与现今我们所指的八节功法组成的动形八段锦含义不同，此时期的"八段锦"专指按摩导引类的坐式八段锦，立式八段锦则称为"引道诀"。

（3）明清时期——内容延伸

随着时间的发展，由于后世八段锦的广泛流行，不少养生家在习练之际，结合个人领悟，对功法进行了重新编排或内容删增，形成了十六段锦、十二段锦、八段杂锦等功法。总的来说，功法主体仍然是以按摩导引为主体的坐式八段锦的内容，其他功法可视为坐式八段锦功法在流传中的变形。

① 十二段锦

十二段锦原名为"八段锦导引法"，首见于明朝朱权《新刊京本活人心法》中，其前身为元朝的"钟离八段锦法"，后冷谦在《修龄要旨》中称之为"八段锦法"，但实际内容与现今所称的"八段锦"有很大的不同。

至清朝，尤乘编纂的《寿世青编》中首录了名为"十二段动功"的十二段锦功法。徐文弼的《寿世传真》中又将钟离八段锦更名为"十二段锦"，动作内容并没有改变，只是稍微修改了一些文字。清咸丰年间，潘霨的《卫生要术》据徐氏本收录，并对其内容略加增删。光绪年间，王祖源改《卫生要术》为《内功图说》。

总的来说，十二段锦有以下两种不同的功法版本：

一是清朝尤乘编纂的《寿世青编》[19]中收录的"十二段动功"，内容如下：

"叩齿一：齿为筋骨之余，常宜叩击，使筋骨活动，心神清爽。每次叩击三十六数。

咽津二：将舌舐上腭，久则津生满口，便当咽之，咽下啯然有声，使灌溉五脏，降火甚捷。咽数以多为妙。

浴面三：将两手自相摩热，覆面擦之，如浴面之状，则须发不白，即升冠鬓不斑之法，颜如童矣。

鸣天鼓四：将两手掌掩两耳窍，先以第二指压中指，弹脑后骨上，左右各二十四次，去头脑疾。

运膏肓五：此穴在背上第四椎下，脊两旁各三寸。药力所不到，将两肩扭转二七次，治一身诸疾。

托天六：以两手握拳，以鼻收气运至泥丸，即向天托起，随放左右膝上，每行三次。去胸腹中邪气。

左右开弓七：此法要闭气，将左手伸直，右手作攀弓状，以两目看右手，左右各三次。泻三焦火，可以去臂腋风邪积气。

摩丹田八：法将左手托肾囊，右手摩丹田，三十六次。然后左手转换如前法，暖肾补精。

擦内肾穴九：此法要闭气，将两手挫热，向背后擦肾堂及近脊命门穴，左右各三十六次。

擦涌泉穴十：法用左手把住左脚，以右手擦左脚心，左右交换，各三十六次。

摩夹脊穴十一：此穴在背脊之下。肛门之上，统会一身之气血，运之大有益，并可疗痔。

洒腿十二：足不运则气血不和，行走不能爽快，须将左足立定，右足提起，共七次，左右交换如前。

右十二段，乃运导按摩之法，古圣相传，却病延年，明白显易，尽人可行。"

二是清朝徐文弼编的《寿世传真》[20]所载的《十二段锦歌》和十二段锦图。

《十二段锦歌》

"闭目冥心坐,握固静思神;叩齿三十六,两手抱昆仑;
左右鸣天鼓,二十四度闻;微摆撼天柱,赤龙搅水津;
鼓漱三十六,神水满口匀;一口分三咽,龙行虎自奔;
闭气搓手热,背摩后精门;尽此一口气,想火烧脐轮;
左右辘轳转,两脚放舒伸;叉手双虚托,低头攀足频;
以候神水至,再漱再吞津;如此三度毕,神水九次吞;
咽下汩汩响,百脉自调匀;河车搬运毕,想发火烧身;
旧名八段锦,子后午前行;勤行无间断,万病化为尘。
以上系通身合总行之,要依次序,不可缺,不可乱。"

由此可知,十二段锦的实质还是明朝的坐式八段锦,属

图 3 《寿世传真》十二段锦图

于按摩导引术的一部分，自我按摩达到身心松静，经脉通畅的目的为主，其功法口诀、锻炼方法与早期的钟离八段锦法一致，只是把其动作细分为十二式而已。

② 十六段锦

"十六段锦"原名"导引约法十六势"，它是在"钟离八段锦""十二段锦"等以按摩动作为主的坐式八段锦的基础上，又结合了"老子导引四十二势""赤松子导引十八式""钟离导引十八式"等导引法。十六段锦首见于明朝王廷相的《摄生要义》，传为南宋河滨丈人创。冷谦的《修龄要旨》中将其改名为"十六段锦"。明朝徐春甫《古今医统大全》[21]卷之一百《养生余录》下篇收录了此原文，兹录如下：

> 庄子曰：吹嘘呼吸，吐故纳新，熊经鸟伸，为寿而已矣。此导引之士、养形之人，彭祖寿考者之所好也。由是论之，导引之术，传自上世，其来久矣。故曰彭祖之所好。其来自修养家、医家所谈，无虑数百。今取其要约切当者十六条，参之诸论，大概备矣。
>
> 凡行导引法，常以夜半及平旦将起之时为之。此时气清腹虚，行之益人。
>
> 先闭目握固，冥心静坐，叩齿三十六通。即以两手抱项，左右宛转二十四（此可以去肾胁积聚风邪）。
>
> 复以两手相叉，虚空托天，抑手按项二十四（此可以除胸膈间邪气）。
>
> 复以两手心掩两耳，却以第二指压第三指，弹击脑

后二十四（此可除风池邪气）。

复以两手相促，按左膝左捩身，接右膝右捩身二十四（此可以去肝家风邪）。

复以左手一向前一向后，如挽五石弓状二十四（此可以去肾腋积邪）。

复大坐，展两手纽项。左右反顾肩膊二十四（此可以去脾家积邪）。

复两手握固，并拄两肋，摆撼两肩二十四（此可以去腰肋间风邪）。

复以两手大捶臂及膊，反捶背上连腰股各二十四（此可以去四肢胸臆之邪）。

复大坐斜身偏倚，两手齐向上如托天状二十四（此可以去肺间积聚之邪）。

复大坐伸脚，以两手向前，低头攀脚二十次，却钩所伸脚屈在膝上，按摩之二十四（此可以去心胞络邪气）。

复以两手据地，缩身曲脊向上十三举（此可以去心肝积邪）。

复起立据床拔身，向背后视左右二十四（此可以去肾间风热邪）。

复起立徐行，两手握固，左足前踏，左手摆向前，右手摆向后，右足前踏，右手摆向前，左手摆向后二十四（此可以去两肩俞之邪）。

复以手向背上相捉，低身徐徐宛转二十四（此可以去两胁之邪）。

复以足相纽而行，前进十数步，后退十数步。复高坐伸腿，将两足纽向内，复纽向外，各二十四（以上二条可以去两膝及两足间风邪）。

　　行此十六节讫，复端坐闭月，握固冥心，以舌拄上，搅取津液满口，漱三十六次，作谷谷声咽之。复闭气，想丹田火自下而上，遍烧身体，内外蒸热乃止。

　　按老子导引二十四势，婆罗门导引十二势，赤松子导引法十八势，钟离导引法十八势，胡见素五脏导引法十二势，在诸法中颇为妙解。然撮其切要，不过于此。学人能日行一二遍，久久体健身轻，百邪皆除，走及奔马，不复疲之矣。

正如作者所言，此法摘取了老子导引二十四势、婆罗门导引十二势、赤松子导引法十八势、钟离导引法十八势、胡见素五脏导引法十二势等功法的要领，将其提炼后重新编排为十二节内容，并融入了一些动形导引的动作，使其在内容上具有相对的独立性，此外，其在功法上具有动静相间、语言简练的特点，使习练者易于接受，故后人亦多有转载。

（4）清朝末年——易名

虽然以动形为主的立式八段锦导引术在宋朝曾慥的《道枢·众妙篇》中就已有记载并实现歌诀化，但是与坐式八段锦相比，它在明清时期的养生书中并不多见，而且名字也不固定，有"吕真人安乐歌""许真君引道诀"以及"引导诀"等多个名字。

转折发生在清朝光绪初年,署名梁世昌刊出的《易筋经外经图说》[22]中,附录了一个"八段锦图",它的内容是:"两手托天理三焦;左右开弓似射雕;调理脾胃须单举;五劳七伤望后瞧;摇头摆尾去心火;背后七颠百病消;攒拳怒目增气力;两手攀足固肾腰。"

这个八段锦版本剔除了原立式八段锦"引导诀"中的叩齿、咽津动作,增加了"背后七颠百病消""攒拳怒目增气力"两节功法,除了一些用字和顺序的不同,在内容上已经与今天的动形八段锦没有差别了。《易筋经外经图说》首次赋予了以动形为主的立式导引术"八段锦"这个名字,从此也让"八段锦"一词所指的实质内容发生了改变,从以按摩导引为主的坐式八段锦变为以动形导引为主的立式八段锦。

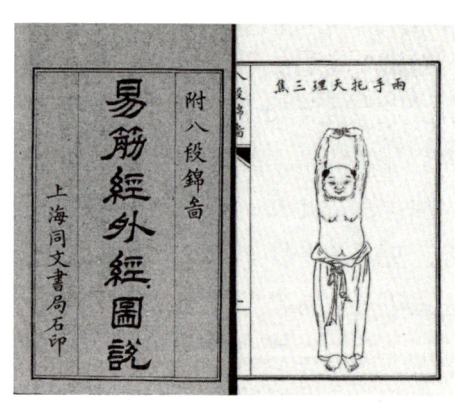

图4 《易筋经外经图说》

3. 式微复兴

近代,随着西方列强的入侵,西方的科学技术进入到人们的视野。与此同时，西方体育文化的流行和浸润，也提高了国人增强身体素质、振兴体育行业的意识，体育学者纷纷从传统养生功法中发掘出可供日常保健的导引功法，动形八段锦由于动作流畅，易于集体习练，故入选为全民健身项目得以快速发展与传播。

1936年，体育教育家王怀琪远赴欧洲，考察了德国、丹麦、瑞典、捷克、匈牙利、奥地利、意大利等七国的体育情况，回国后萌生了改进八段锦的想法。1938年，他在上海难民教育办体育指导训练班担任国操教员时，编创了体操口令版的立式八段锦，后人称之为王怀琪八段锦。[23]

除此之外，还有一系列托名岳飞的动形导引八段锦在民国期间开始流传于世。如金倜庵记述的"真本岳飞八段锦"，其口诀为："拔地擎天理三焦，开弓势须如射雕。调理脾胃手单托，欲治劳伤向后瞧。握固定睛增膂力，攀趾摇摆实肾腰。搬足矗立去心火，俯仰七颠百病消。"[24]

又如1917年瀍浦、铁崖记述的"岳武穆古传八段锦"[24]："提地托天理三焦，左右开弓如射雕。健理脾胃须单托，五劳七伤向后瞧。搭拳瞪目加膂力，摇头摆尾固肾腰。双手攀足除心疾，马上七颠百病消。"总体而言，岳飞八段锦动作风格大开大合，刚劲有力，十分适合军人与习武之人练习。内容与宋之引导诀、明之吕真人安乐歌是同类，但是岳飞八段锦"攒拳怒目增气力"与"七颠百病消"等动作，这是宋朝至明朝立式八段锦中所不具有的，故可推测至少为清朝以后的增演版本。

图 5 《真本岳飞八段锦》

4. 蓬勃发展

1957 年 9 月，由《八段锦》编写小组编写的体育锻炼方法丛书《八段锦》由人民体育出版社出版，[25] 这是新中国成立后第一部系统讲解八段锦的专书。此书以动形的立式八段锦为主，记录了多种立式八段锦和一套改编后的坐式八段锦。21 世纪初，在国家体育总局的领导下，健身气功管理中心开始编创健身气功新功法，并于2003年推出《健身气功·八段锦》。虽然称为"新功法"，但这套功法并非重新创造的八段锦动作，而是编创前人所述的八段锦动作的归纳、总结和规范化，此外，《健身气功·八段锦》还在每一式后列有简要的功理与作用，为立式八段锦的蓬勃发展做出了杰出贡献。

除了国家规定的健身气功新功法，民间与学界还在不停地对立式八段锦进行改变与创新，其中较为著名的有国医大师路志正编创的路氏八段锦，其口诀如下："双手托天理三焦，左右挽弓心肺朝；调理脾胃须单举，双掌扑地固肾腰；侧身顾盼能健脑，回首望踝和带跷；俯仰壮督通冲任，背后九颠百病消。"

第三节　八段锦体式演化

八段锦的体式有立式和坐式之分，然而在古代并无以"坐式八段锦""立式八段锦"作为区分方法的相关描述。根据文献记载，八段锦在古代专指坐式八段锦，其形成年代较早，初步成型于宋朝，功法口诀完备，流传广泛，影响深远，在明朝得到了广泛传播。当时养生书籍中所提到的"八段锦""钟离八段锦""十二段锦""十六段锦"等均指坐式八段锦。坐式八段锦在清朝以后逐渐式微，后被立式八段锦取而代之，进而淡出了大众的视线，只在少数人中流传。

时至近现代，立式八段锦后来居上，风头很快超过了坐式八段锦并流行一时。立式八段锦基本形成于宋朝，曾以"引导诀""许真君引道诀""吕真人安乐歌"等为名，定型于光绪年间，后因便于习练及政府倡导的特点而流传广泛。

《易筋经外经图说》首次赋予立式八段锦"八段锦"这个名字，从此也让"八段锦"一词所指的实质内容发生了改变。随后，山阴娄寿芝在光绪二年刊行的手辑《八段锦坐立功图诀》中既载录了坐式八段锦功法，也载录了立式八段锦功法，其坐功依高濂等人的原本校定。此书名是首次直接通过"坐"功、"立"功的姿势不同对八段锦进行划分并提出。光绪二十九年（1903），上海绛雪斋出版的图书，内有《八段锦坐像立像》一文，其立像动作基本依梁世昌所刊载的内容，亦以坐、立对八段锦进行了划分。

《易筋经外经图说》的作者在正文前的"凡例六则"中提到："坐功与立功不同，坐功重在养心，立功重在练形，坐功以杜绝妄念为要，习之无所苦，而颇不易致，立功以高下如法为要，初习四肢不免酸痛，然两三月后，便可纯熟，此坐立功之大校也"；"坐立两功，一动一静，足可相辅，故为合刻，学者或专习或并习，各听其便，然必立定课程，每日几次，以不间断为妙。"

由此可见，坐立两功各有偏重，应两种功法结合习练，动静相间，可见功效。这种通过体式对于八段锦功法以"坐式八段锦""立式八段锦"进行划分的方法由于其通俗易懂且易于区分的特点，在后世的八段锦研究中被广泛应用。

1. 坐式八段锦（按摩导引术）

坐式八段锦在明清时期的《修龄要旨》《遵生八笺》《活人心法》等多部养生学著作中均有出现，但是名称发生了一些变化。《遵生八笺》和《修龄要旨》中所载的八段锦与《修真十书》中的钟离八段锦完全相同，但是"钟离"二字被省去，只叫作"八段锦"。

《活人心法》中没有提及名字，加入了图式。《类修要诀》则称其为"钟离祖师八段锦导引法"。而清朝徐文弼的《寿世传真》将钟离八段锦更名为"十二段锦"，动作内容并没有改变，只是稍微修改了一些文字，并把钟离八段锦末尾的"邪魔不敢近，梦寐不能昏；寒暑不能入，灾病不能迍；子后午前作，造化合乾坤；循环次第转，八卦是良因"改为了"旧名八段锦，子后午前行，勤行无间断，万病化灰尘"。

明末清初医学家曹无极的《万育仙书》在转载梁代陶弘景《延年却病笺》中的"八段锦导引法"时，亦称之为"八段锦坐功"，为后世衍生的"坐式八段锦"一说奠定了基础。

2. 立式八段锦（动形导引术）

立式八段锦的动作雏形见于西汉马王堆导引图，基本定型于南宋，明清时期曾多名多型共存。光绪初年，梁世昌刊出的《易筋经外经图说》中的"八段锦图"确立了现在所流传的立式八段锦。在近代无名氏编订的"八段锦"出现之前，立式八段锦被称为"引导诀"或"安乐歌"。

目前能见到的最早记载立式八段锦动作雏形的著作实为南朝梁陶弘景著的《养性延命录》。此时立式八段锦的动作雏形基本具备，但尚无八段锦或引导诀的名称。宋人蒲虔贯著有《保生要录》，系从前人保生书中，选取"其术简易，乘闲可行"者编成，分养神气、调肢体等六门，他在"调肢体门"中提到的导引功法大致分为9个动作，其中有5个动作类似立式八段锦功法。此时期立式八段锦仍旧没有八段锦或导引诀的名称，也没有从其他导引术中独立出来。

南宋曾慥的《道枢》一书，是一部广集道教修炼方术精要的类书，其《众妙篇》记载了不少"导养之方"，其中亦提到包括了"两手托天理三焦""左右开弓似射雕""调理脾胃须单举""五劳七伤往后瞧""摇头摆尾去心火""两手攀足固肾腰"在内的6个立式导引动作，且语言表述上已与后代定型的歌诀化语言较为接近。

综上，立式八段锦在南宋前后趋向于定型，并逐渐从其他导引术式中独立出来，功法口诀渐趋歌诀化，但流传不广。

元、明、清时期，坐式八段锦盛极一时，但立式八段锦功法却没有太多发展，仅偶尔出现在个别养生著作中。如明朝养生家胡文焕在其编辑的《类修要诀·卷上》中载有"许真君引导诀"，明朝御医龚居中在《福寿丹书·安养篇》中载有"吕真人安乐歌"。总体而言，在元明清时期，立式八段锦发展缓慢，流传不广，基本处于一种停滞的状态。

进入近现代社会，社会环境急剧变化，人民对于健身运动的需求亦有所变化，此时的立式八段锦经过无名氏的整理，被梁世昌刊印后风行一时，其影响力迅速超过坐式八段锦，并在社会上广泛流传。

梁世昌在光绪初刊出的《易筋经外经图说》[26]是目前所见关于定型立式八段锦动作歌诀的最早文献记载，也是把古称"引导诀"的内容第一次冠以"八段锦"的名称，在语言上完全歌诀化，在内容上剔除了坐式八段锦的内容，成为了后人习练立式八段锦的范本，影响深远。

随后，光绪二年（1876），山阴娄寿芝手辑《八段锦坐立功图诀》刊行，其八段锦立功歌诀为：

> 手把碧天擎（擎天式），雕弓左右鸣（开弓式）
> 鼎凭单臂举（举鼎式），剑向半肩横（负剑式）
> 擒纵如猿捷（猿蹲式），威严似虎狞（虎踞式）
> 更同飞燕息（飞燕式），立马告功成（立马式）。

接着列出了类似今天准备动作的5式出手动作，依次是：甲字式、乙字式、丙字式、丁字式、戊字式；下面依次列出8式正式动作加5式入手动作，依次是：第一擎天正式、己字式、庚字式，第二开弓正式、辛字式，第三举鼎正式、壬字式，第四负剑正式，第五猿蹲正式、癸字式，第六虎踞正式，第七飞燕正式，第八立马正式。

1890年本衙出版的《幼学操身》、1898年本衙出版的《新出保身图说》中亦称被古人称作"引导诀"的术式为"八段锦",并在字句上作了整理。人们为了更好区别二者,将古人命名为八段锦的术式称为"坐式八段锦",将古人命名为引导诀的术式称作"立式八段锦"。[27]

新中国成立以来,在政府提倡、举办赛事、开设课程、加强培训等方式的积极引导下,立式八段锦在广大人民群众中间得到了进一步的普及和推广,在群众的体育活动开展、增进民众身心健康等方面发挥了更大的作用。

李家晗[28]总结了三点坐式八段锦功法在近现代式微的原因:

(1)就功法口诀而言:坐式八段锦口诀长,功法复杂;而立式八段锦则只有八句口诀,内容简单,朗朗上口,易学易记。

(2)就功法特点而言:坐式八段锦主静,动作幅度小,力度柔和,主要对于腰部以上部位的肢体器官的疲劳有明显缓解作用;而立式八段锦主动,动作幅度大,尤其是"攒拳怒目增气力""左右开弓似射雕"两式力度较大,对全身关节、器官的疲劳均有良好缓解作用,更容易吸引习练者长期坚持习练。

(3)受西方体育文化影响:进入近代后,西方文化风靡国内,"西学东渐"的浪潮甚嚣尘上,西洋兵操等西方体育项目传入我国之后迅速流传,对中国传统体育结构产生了较大影响。梁世昌刊行《易筋经外经图说》在光绪初年，此时正值"洋务运动"期间，与坐式八段锦相比，立式八段锦更加接近西方体育文化的精神，故而使得立式八段锦在此时定型并迅速流传。

表1 坐式八段锦与立式八段锦演化历程

朝代 \ 演化内容	坐式八段锦（按摩导引术）	立式八段锦（动形导引术）	八段锦名称
西汉		马王堆汉墓导引图（动作雏形）	
南朝（梁）	陶弘景《养性延命录》（源头）	陶弘景《养性延命录》（提及部分动作）	
南宋	曾慥《道枢》（在《养性延命录》基础上增加新动作）	曾慥《道枢·众妙篇》（立式八段锦在南宋后趋向定型）	
南宋	洪迈《夷坚志》		南宋"八段锦"名称首次出现，专指按摩导引为主的坐式八段锦
南宋	晁公武《郡离读书志》		
南宋	朱熹《朱子语类》		
元	《修真十书》"钟离八段锦"（现存文献中首个有八段锦之名的养生功法）		按摩导引八段锦在元朝已经成型

（续表）

朝代 \ 演化内容	坐式八段锦（按摩导引术）	立式八段锦（动形导引术）	八段锦名称
明	沈鼒《摄生要义》"十六段锦"	沈鼒《摄生要义》（融入立式八段锦内容）	按摩导引八段锦广为流传，立式动形八段锦发展缓慢
明	胡文焕《类修要诀》"钟离师八段锦"	胡文焕《类修要诀》"许真君引导诀"	
明	王圻、王思义《三才图会》	龚居中《福寿丹书·安养篇》"吕真人安乐歌"	
明	冷谦《修龄要旨》	梁世昌《易筋经外经图说》	首次赋予动形八段锦以"八段锦"之名
明	高濂《遵生八笺》	娄寿芝《八段锦坐立功图诀》	
明		《八段锦坐像立像》	
明	周履靖《赤凤髓》		
清	曹无极《万育仙书》		
清	冯曦《颐养诠要》		
清	徐文弼《寿世传真》"十二段锦"		
清	尤乘《寿世青编》"十二段锦"		
近现代			立式动形八段锦逐渐取代坐式八段锦广为流行

第四节　八段锦流派

八段锦在流传过程中，有坐功和站功的分别，后世把按摩导引为主的八段锦、动形为主的八段锦分别称为坐八段、立八段。立八段又有文武、南北之分。北派托名岳飞所传，姿势多用马步式，动作繁而难练，动作刚劲有力，又称"武八段"；南派附会梁世昌所传，姿势一般多用站立式，动作难度不大，柔和缓慢，又称"文八段"，现今传播最广的八段锦功法即指此类。

关于文武八段锦的具体意义不统一，至少有两种观点。李家晗提出，文武八段锦这种称法，在民国以前的古籍中没有记录，很可能只是民间的一种称呼。[28] 王怀琪是这样叙述的："八段锦有文、武之别。武八段锦，如本编八段锦、岳武穆八段锦、神勇八段锦……文八段锦都行坐功，不是人人都能习练的。"这种观点提出文八段锦是以按摩为主的坐式八段锦，武八段锦是以动形为主的立式八段锦。

而根据《导引养生史论稿》[29]记载："以动形为主的八段锦导引术在近代流传过程中又可分南派北派，主要区别为行功时动作的力度与幅度。南派行功时多采用站式，动作柔和，亦称'文八段'，北派在行功时，多采用马步，动作刚劲，亦称'武八段'。"

自宋朝至清朝所流传的八段锦套路歌诀有多种，但动形导引的八段锦功法总体上都与宋朝曾慥的《道枢·众妙篇》

一脉相承。一般人们又将该套功法称为"动功八段锦"或"立八段",以区别于明朝《活人心法》中刊载的"坐势八段锦"。

而姿势一般采用站立式,动作难度不大,柔和缓慢的"文八段"是现今传播最广的八段锦功法。文八段在流传过程中,除动作柔和的动形导引功法外,又分化出一种以按摩导引为主的文八段,也称十二段锦。近代杨践形(1891—1965)在1941年编印的《指道真诠》中收录了"十二段锦""八段锦"。其"十二段锦"内容即来源于"钟离八段锦",采用《寿世传真》的说法,称为"十二段锦",并名之为"文八段锦";其"八段锦"内容即本衙版立式"八段锦"内容,并名之为"武八段锦"。

至此可知,"文八段"与"武八段"之名在不同的情境下具有不同的含义。从姿势上进行流派划分时,文八段指坐功八段锦、武八段指立功八段锦;从动作的力道与幅度进行划分时,文八段指以柔和的动作特点为主的站立式八段锦,又称"南派"八段锦,武八段则指以刚劲的动作特点为主的马步式八段锦,又称"北派"八段锦。

1. 文八段(十二段锦为主的按摩导引术)

文者属于静坐按摩,导引行气功。其代表性术势为:"一、握固,静坐,扣齿。二、鸣天鼓摇天柱(弹耳、击脑后、左右摇头)。三、舌搅漱咽。四、两手搓热摩肾堂。五、单开辘轳。六、左右辘轳。七、左右按顶。八、手双虚托,低头攀足。"

2. 文八段（南派——站立式动形导引术）

属于平立导引健身心外功，其代表性歌诀云："一、两手擎天理三焦。二、左右开弓似射雕。三、调理脾胃臂单举（左右单举）。四、五劳七伤向后瞧。五、摇头摆尾去心火。六、背后七颠百病消。七、攒拳怒目增气力。八、两手攀足固肾腰。"

3. 武八段（北派——马步式动形导引术）

金偶庵记述了"真本岳飞八段锦"，其口诀云："一、拔地擎天理三焦。二、开弓势须如射雕。三、调理脾胃手单托。四、欲治劳伤向后瞧。五、握固定睛增膂力。六、攀趾摇摆实肾腰。七、搬足矗立去心火。八、俯仰七颠百病消。"

濂浦、铁崖记述了"岳武穆古传八段锦"，其口诀为："一、提地托天理三焦。二、左右开弓如射雕。三、健理脾胃须单举。四、五劳七伤向后瞧。五、搭拳瞪目加膂力。六、摇头摆尾固肾腰。七、双手攀足除心疾。八、马上七颠百病消。"

此外，少林武穆八段锦记载的版本为："一、叉指托天舒三焦。二、骑马弯弓射胡雕。三、托天踏地对抻劲。四、回首凝望消五劳。五、摇头摆尾炊心火。六、折身攀腰壮肾腰。七、冲拳怒目增力气。八、马背颠簸起俯仰。"

总而言之，八段锦的发展经历了漫长的演化过程，八段锦无论是南派、北派或是文武八段的不同练法，都同出一源，在流传中相互渗透影响。[30]历经内容、形式、流派等诸多变迁，伴随着时代的发展，其内容逐步提炼并形成了我们今天所见的功法。八段锦的各节动作之间既独立又相互联系,对于人体三焦、心肺、脾胃、肾腰等脏腑,眼、颈部、躯干、腰部、上肢、下肢等肢体部位均可起到锻炼作用,将中医整体理论真正纳入并运用到了功法练习过程之中。

第五节 八段锦疗疾验案

除养生保健外,古代对于八段锦疗疾的相关验案亦有许多。如在治疗息积一病时,《素问·奇病论》中即载:"帝曰:病胁下满气逆,二三岁不已,是为何病?岐伯曰:病名曰息积,此不妨于食,不可灸刺,积为导引服药,药不能独治也。"宋朝医家陈无择对此注解道:"导引法随意行之皆可。愚谓或按摩满处,或手足相屈伸,或八段锦,或六字气之类,以气通为效。"这是医家对八段锦应用后总结的经验,也是其疗效的体现。

《冷庐医话》中亦记载了多则导引法、八段锦法治疗疾病的案例:"每日于闲暇时正坐闭目,以舌遍扰口中三十六次,津既盈满,分作三次咽下,(咽时喉中须咽咽作声),以意送至丹田。此法行之久久,大可却病延年。余表兄周荔园(土煜),中年便血,误服热药,遂成痼疾,身羸足痿,十载不瘥,后乃屏弃方药,专行此法,一年之后,诸恙悉愈,身体亦强健如初。"

"杭州郎二松十三岁患瘵垂危,闻某庵有道士功行甚高,往求治之,道士教以行八段锦法,谓能疗疾,并可延年,遵而行之,三月后,病去若失。"由此可见,即便是在罹患较重的疾病及慢性病时，坚持习练八段锦等导引术，亦可以起到改善体质，扶正固本的作用，甚至有时还可起到起死回生的效果。

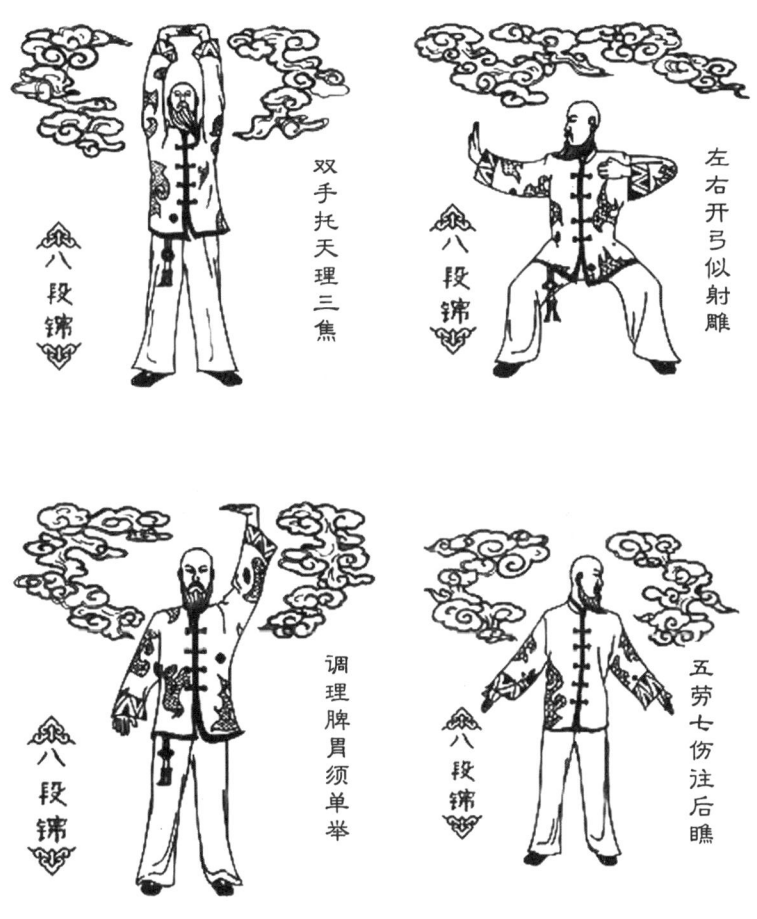

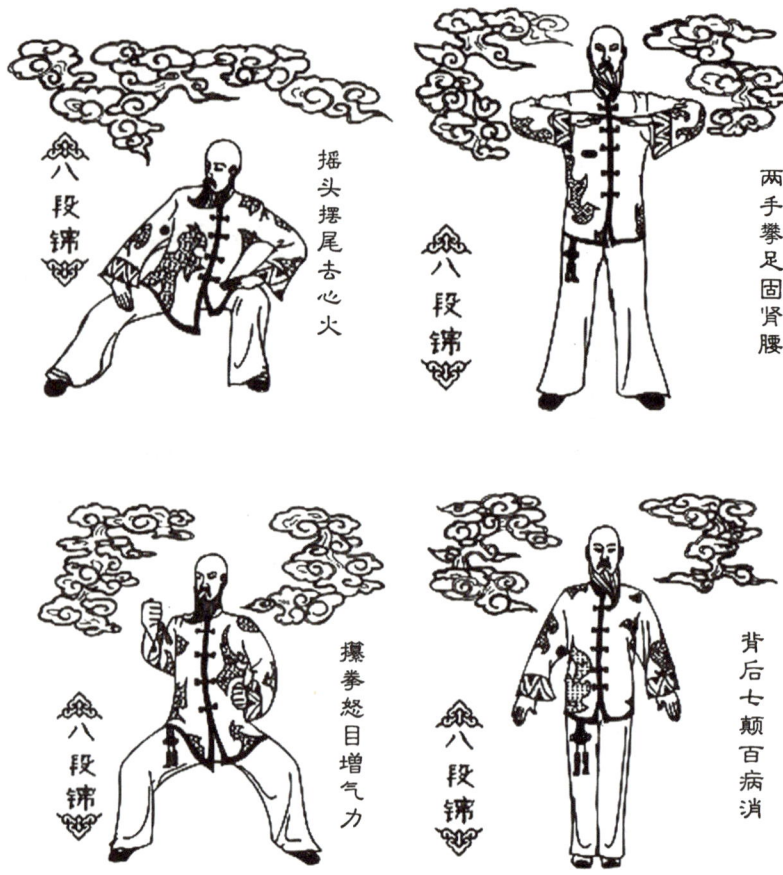

图 6　段锦动作要领简要图示

下 编

- 第三章　八段锦现代研究
- 第四章　八段进阶训练法
- 第五章　八段锦配合六字诀训练法

第三章　八段锦现代研究

大量临床研究证实，八段锦导引术可增强人体"正气"，对临床常见生理及心理疾病均具有治疗作用。[31]导引是一种引动身体的运动，广义的导引包括气功、呼吸运动及其他养生术等，狭义的导引是指对肢体进行相应的拉伸运动，二者统称为导引。以八段锦作为导引干预手段，对上交叉综合征患者进行治疗，可以改善其上交叉线上的肌肉失衡，还可以改善上交叉综合征患者头部前倾（颈椎的自然弯曲消失或减少）、翼状肩、圆背、含胸、中背部（胸椎部位）后突增加、肩胛骨隆起等脊柱不良姿势。[32]

此外，八段锦还对一些慢性内科疾病具有较好的疗效。研究表明，应用八段锦进行干预治疗的前10位疾病为心脑血管疾病（冠心病、高血压病、卒中）、骨关节疾病（颈椎病、腰椎间盘突出症、膝关节骨性关节炎）、慢性阻塞性肺疾病和内分泌系统疾病（糖尿病、高脂血症、围绝经期综合征）。[33]

第一节　八段锦与心血管疾病

八段锦第五式"摇头摆尾去心火"与心脏有着密切的关系。一项系统评价研究表明，八段锦可以改善冠心病患者的心肺功能，提高其生活质量。因此，八段锦可以成为冠心病患者的心脏康复运动的功法。[34]与常规治疗相比，将常规治疗与八段锦相结合，可以显著改善冠心病稳定型心绞痛患者的峰值心率、峰值代谢量和峰值氧脉搏。[35]对于冠状动脉搭桥术后患者而言，术后8—21天，适合坐式八段锦的练习，而出院后1—20周适合站式八段锦的练习，八段锦对症状改善的效果优于常规的运动方案（步行、医疗体操、功率自行车、举哑铃等），有助于患者的术后恢复。[36]一项针对中国台湾地区心衰患者的随机对照试验表明，12周的八段锦干预可以改善心衰患者的疲劳情况。[37]此外，锻炼八段锦有助于高血压患者的治疗。[38]在常规治疗的基础上，锻炼八段锦12周，可以降低老年1级原发性高血压患者的收缩压。[39]6个月的八段锦干预不仅可以降低原发性高血压患者的收缩压和舒张压，还可以降低患者的高密度脂蛋白、低密度脂蛋白、胆固醇、三酰甘油，这可能与八段锦降低患者血浆中血浆内皮素-1和血清一氧化氮的水平有关。[40]

第二节 八段锦与神经系统疾病

八段锦的最后一式——"背后七颠百病消"通过震颤,可以放松脊柱和相关的神经。八段锦可以提高卒中、认知功能障碍、失眠等患者的生活质量。2个月以上规律的八段锦练习可以显著改善轻度认知障碍患者的认知功能,提高其日常生活能力。[41]在有缺血性中风风险的老年人中,有监督的12周的八段锦运动可以有效、安全地调节脑血流动力学、降低血压,改善情绪,提高自尊、自信和生活质量。[42]4周以上的八段锦锻炼不仅可以改善脑卒中患者的平衡功能、疲劳状态、偏瘫下肢主动肌的肌力,[43~45]还可以减轻帕金森病患者的抑郁情绪。[46]6个月的八段锦锻炼还可以改善帕金森患者的平衡功能,降低四肢的张力和跌倒风险。[47]此外,八段锦还可以用于治疗失眠。一项系统评价研究表明,八段锦可以显著降低失眠患者的匹兹堡睡眠质量指数得分。[48]3个月的八段锦锻炼可以改善老年人睡眠质量和短时记忆功能,[49]其机制可能与八段锦调理五脏的功能相关。[50]八段锦可以显著增加老年人颞中叶和壳核中的灰质体积,从而预防老年人的记忆缺陷。[51]

第三节 八段锦与呼吸系统疾病

八段锦的第二式——"左右开弓似射雕"具有调理肺脏、

宽胸顺气的作用。在呼吸系统疾病中，应用八段锦干预最多的疾病是稳定期慢性阻塞性肺疾病（chronic obstructive pulmonary disease，COPD）。系统评价研究表明3个月以上的八段锦锻炼可以改善稳定期COPD患者的肺功能和运动耐力。[52—54]对于一些病情较重的COPD患者，可以采用坐式八段锦进行锻炼，来降低患者的气道炎性反应。[55]不论是坐式八段锦，还是站式八段锦，规律地练习6个月以上，均可以减轻患者的症状，改善肺功能，提高活动耐力和生活质量。[56~59]除了第二式之外，第三式"调理脾胃须单举"可以改善肺脾气虚型稳定期COPD患者的肺功能。[60]此外，八段锦不仅可以显著改善哮喘患者的运动能力、提高其生活质量，[61]还有助于肺叶切除术后患者肺功能的恢复。[62]

第四节 八段锦与内分泌系统疾病

中医认为Ⅱ型糖尿病的发生与肺、脾、肾三脏功能失调有关，八段锦的第二式、第三式和第六式具有调理肺、脾、肾三脏的作用，因此，八段锦特别适合Ⅱ型糖尿病患者。有研究表明，在常规治疗的基础上加用八段锦进行干预，可以显著降低Ⅱ型糖尿病患者的糖化血红蛋白、空腹血糖、餐后血糖、胆固醇、三酰甘油、低密度脂蛋白水平，并提高高密度脂蛋白水平，表明八段锦对于Ⅱ型糖尿病有积极的治疗作用。[63]除了治疗外，八段锦还可以预防或延缓糖尿病的发生。一项针对糖尿病前期受试者的研究表明，6个月的八段锦干预使得血糖恢复正常的比率为69.64%。[64]这可能与八段锦通过调节与抑郁相关的lncRNA、mRNA和circRNA的表达来改善Ⅱ型糖尿病患者的抑郁症状和血糖水平相关。[65]6个月的八段锦干预不仅可以降低绝经后Ⅱ型糖尿病合并骨质疏松症患者血糖水平，还可以抑制骨吸收，促进骨形成，增加骨密度。[66]此外，八段锦还可以改善多囊卵巢综合征患者的痤疮、卵巢形态、降低黄体生成素，及其与卵泡刺激素的比值、体重指数和腰臀比，改善患者心情，[67, 68]从而促进康复。

第五节　八段锦与骨关节疾病

人体的肌肉是动力结构，骨骼是静力结构，肌肉和骨骼动静平衡才能保证机体功能的正常。当动力结构受到损害超过其承受范围，静力结构就会出现问题，导致骨关节疾病的发生。八段锦一套动作可以锻炼全身90%以上的肌肉，尤其是第六式和第八式，具有补腰肾、强筋骨的作用，因此，可以用来治疗骨关节疾病。系统评价表明八段锦可以减轻慢性骨骼肌肉疼痛和腰背痛。[69, 70]有研究表明，连续练习八段锦的前三式3个月，可以显著改善颈椎病患者颈痛的症状。[71, 72]通过练习10周八段锦的第六式——"双手攀足固肾腰"，护理人员的非特异性腰背痛显著改善。[73]此外，坐式八段锦可以有效缓解老年骨质疏松患者的腰背疼痛。[74]在常规治疗的基础上，配合八段锦锻炼，可以显著降低老年骨质疏松患者的跌倒风险，提高血清骨钙素水平和骨密度，降低患者的疼痛程度。[75,76]八段锦治疗骨关节疾病可能是通过调神、调气、调息起作用的。调气可以促进血液循环，改善滑液分泌；调神可以促进神经功能，改善神经肌肉的控制；调形可以改善肌肉功能，恢复力学平衡。[77]

第六节 八段锦与精神心理疾病

八段锦的调神作用不仅包括调节神经，还包括调畅精神和情志，因此，八段锦可以用来治疗精神心理疾病。一项针对9项随机对照试验的Meta分析显示，在常规治疗基础上联合八段锦锻炼，可以显著改善抑郁症状。[78]八段锦可以改善患有慢性疲劳综合征妇女的抑郁情绪，其机制可能与脂联素水平升高有关。[79]对于精神压力极大的狱警来说，八段锦可有效改善他们的不良情绪和人际关系，加强其社会认知和行为规范。[80]不仅如此，10周的八段锦锻炼，可以显著改善颈肩综合征大学生的心理健康状况。[81]3个月的八段锦锻炼可以显著降低冠心病患者的焦虑和抑郁评分，改善患者的焦虑抑郁情绪。[82]3个月的八段锦锻炼可以显著降低长期住院的精神分裂症患者的血糖水平和血脂水平，改善其睡眠情况，对其康复有促进作用。[83]

近年来，关于八段锦的临床研究在数目和质量方面均有很大提升，八段锦的临床效益也越来越受到政府和医疗机构的重视。八段锦术势柔和，形神合一，既可以放松骨骼肌肉，又可以调畅情志，在心脑血管疾病、骨关节疾病、呼吸系统疾病、内分泌系统疾病和精神心理疾病中具有广泛的应用，长期锻炼方可见效。

第四章　八段进阶训练法

第一节　第一段——调式训练

姿势与动作是我们对八段锦的直接的印象，也是作为导引功法的基本元素。自古以来，大量养生和临床典籍通过绘图和描述记载了许多导引姿势和动作。八段锦就是先贤针对养生祛病的目标，根据大量实践经验总结出的高效的姿势和动作套路所形成的功法。准确的姿势和动作可以帮助我们活动筋骨肌肉，刺激经络腧穴，调节脏腑气血，达到保健和治疗的效果。

1. 立式八段锦

（1）八段锦预备式

操作法：站式，两脚平行隔一足宽，两手臂在身体两侧，掌心向内，进行调形。

双手从两侧平举上抱上至头顶，掌心相对，同时吸气；然后掌心向下，从身前向下压，同时呼气。

做二至三次。平心静气，做好准备。

（2）八段锦第一式：两手托天理三焦，简称"双手托天"。
操作法：

① 开步：向右移重心，右脚支撑站稳，左脚向左开步，与肩同宽，重心回移居中，平稳站立。

② 抱手：双手掌心相对，抱向于小腹前，两手手指交叉。

③ 托天：然后同时从胸前提起，提到两眉前时翻手，掌心向上，托过头顶，伸直手臂。

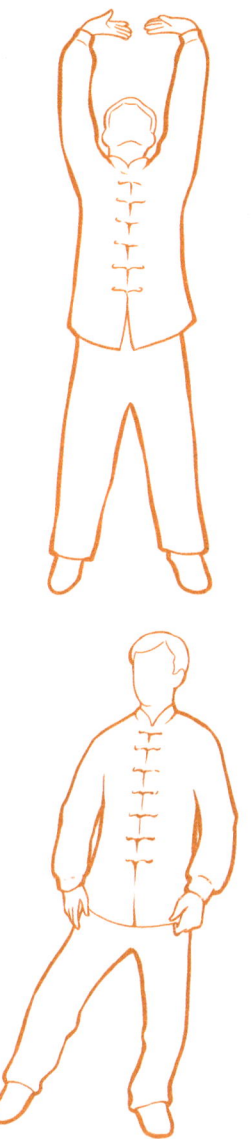

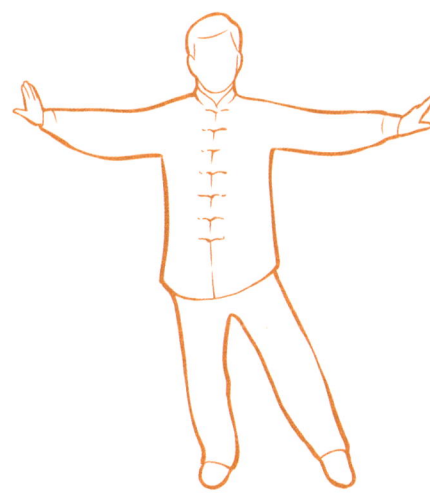

④ 回收：向右移重心，右脚支撑站稳，左脚向右回收复原。

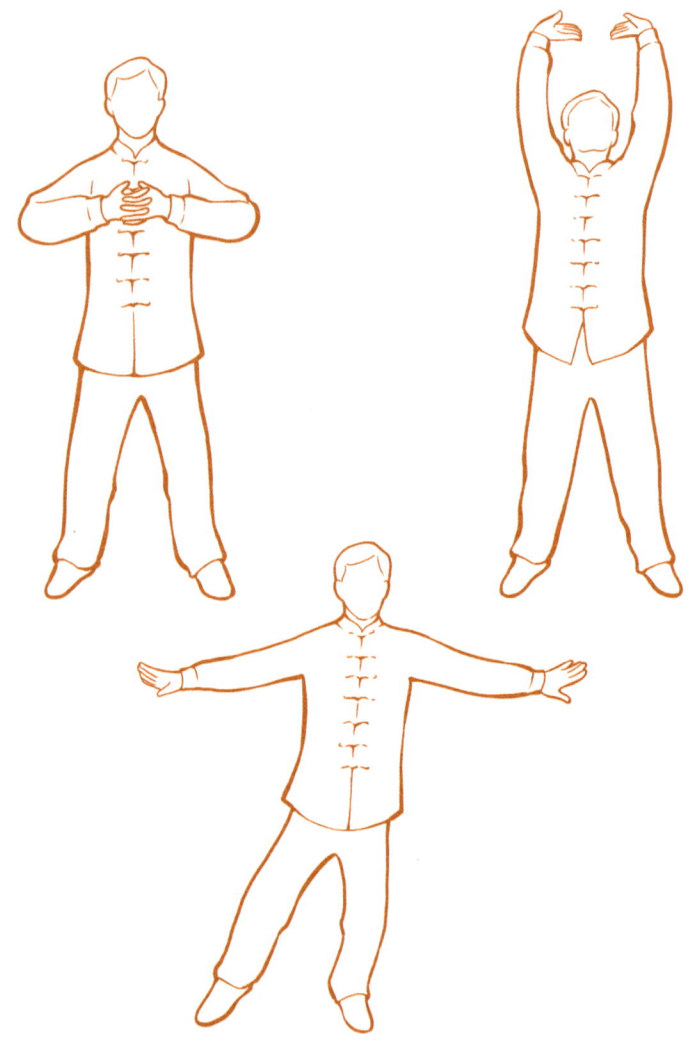

当两手提至两眉前时，双目注视两手，反手上托后注视两手背。然后向右开步，重复上面动作。每次可做八次上托。

能调理上、中、下三焦及舒展上肢关节。

抱手、平端(吸气)，托天、复原(呼气)。

（3）八段锦第二式：左右开弓似射雕，简称"左右开弓"。
操作法：

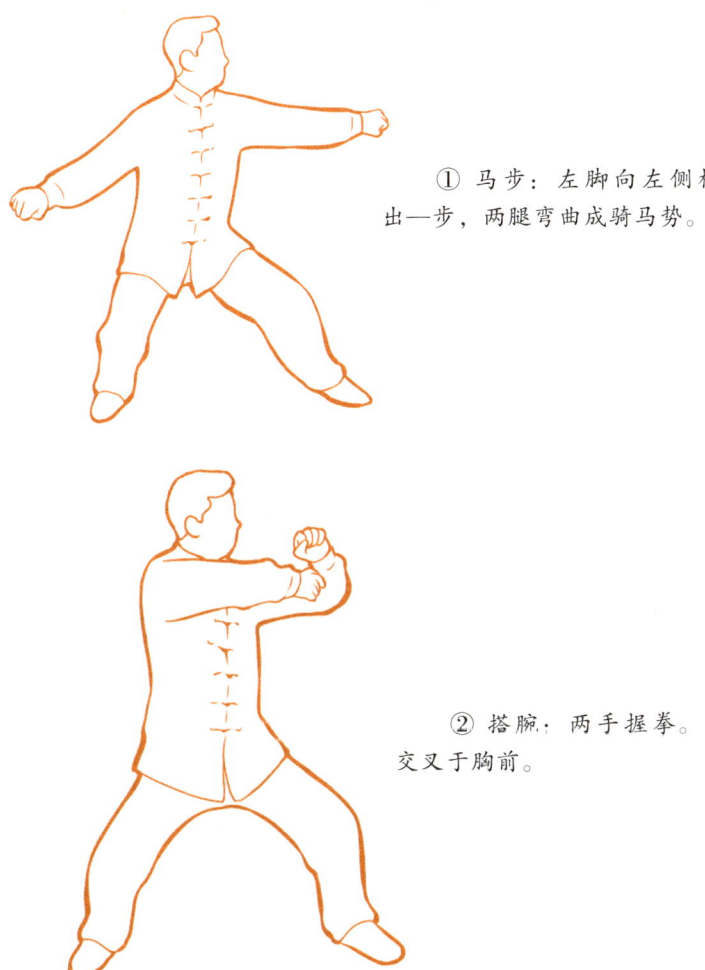

① 马步：左脚向左侧横出一步，两腿弯曲成骑马势。

② 搭腕：两手握拳，交叉于胸前。

③ 开弓：左拳向左侧平伸出，拳眼向上，拳心向前。同时，右拳收回于右肩前，拳眼向上，拳心向肩，成拉弓射箭状。双目注视左拳。

④ 回收：左脚回收复原。

然后换向右侧做，左右共八次。
有增强肺气及舒松胸部、肩部等作用。
马步、搭腕(吸气)，开弓、复原(呼气)。

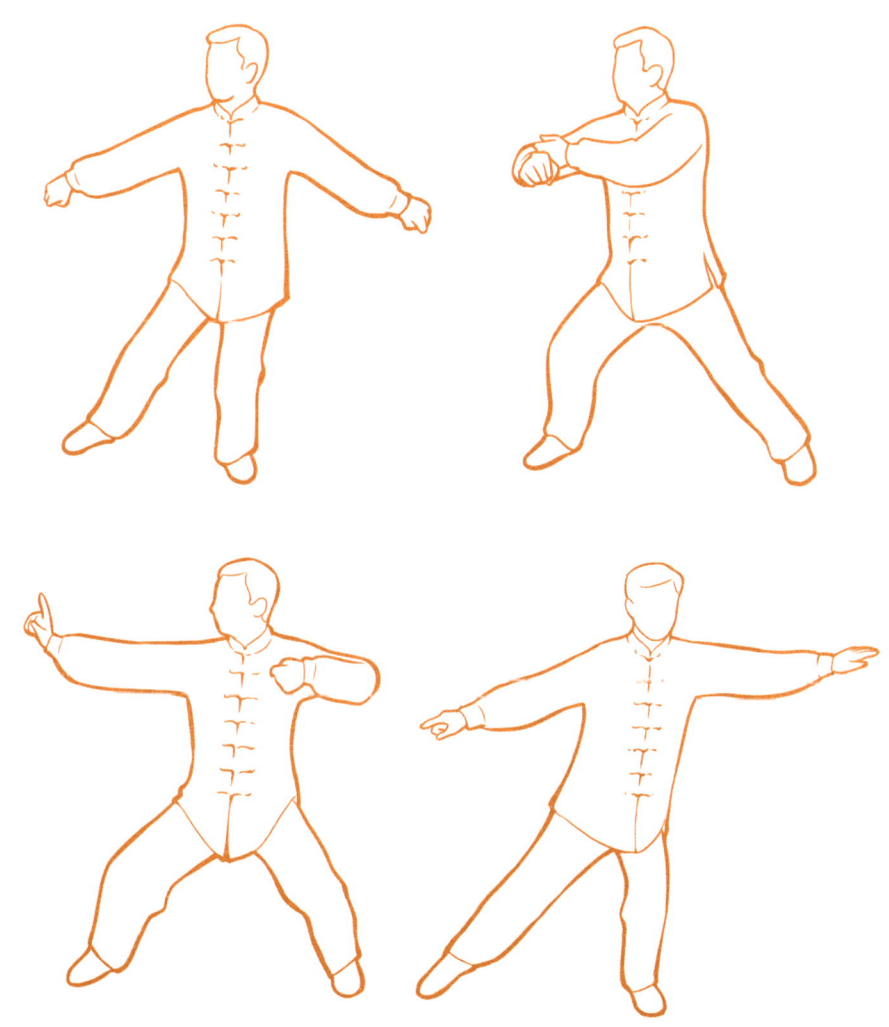

（4）八段锦第三式：调理脾胃须单举，亦称"左右托天""单举托天"。

操作法：

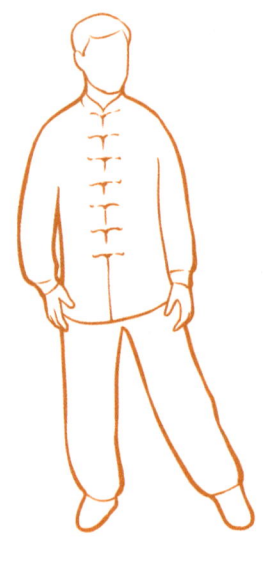

① 开步：左脚向左开步，与肩同宽。

② 端手：双手端至小腹前。

③ 单举：以一手下压，一手向上托起，移至双眉时翻手，掌心向上，托过头顶，伸直手臂。

④ 回收：左脚回收复原。

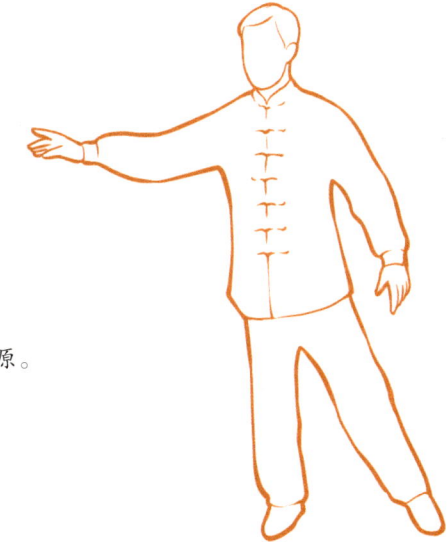

动作同时,双目向上注视手背,先左后右,两手交替进行各四次。

有调理脾胃,改善消化功能的作用,也有利于舒展上肢关节。

开步、端手(吸气),单举、复原(呼气)。

(5)八段锦第四式:五劳七伤往后瞧。
操作法:

① 开步:左脚向左开步,与肩同宽。

② 合手:双手托至小腹前压在丹田。

③ 回头：身体徐徐左转，双手向外下方平按。头亦随之左转，双目向肩后瞧。略停。

④ 回收：向右方转回，左脚回收复原。

再向右侧转做。左右轮做四次。
开步、合手(吸气),回头、复原(呼气)。

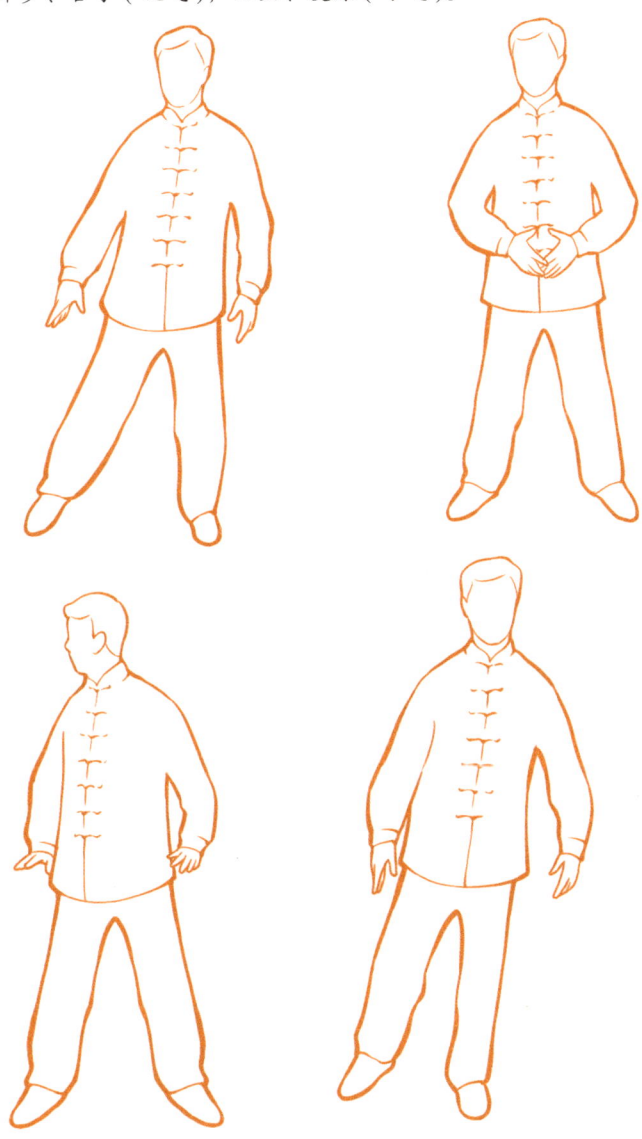

（6）八段锦第五式：摇头摆尾去心火。
操作法：

① 马步：侧开步，两足分开约三脚掌之宽度，屈膝成骑马势，两手扶大腿上，虎口向身躯。

② 倾旋：头及上体向右侧前俯。

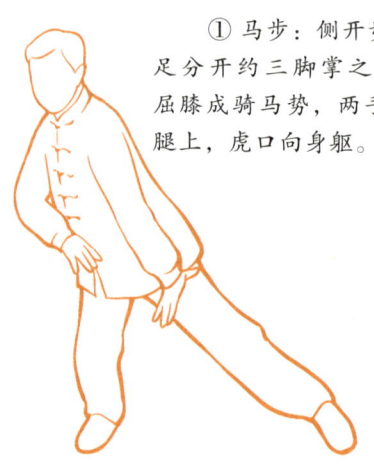

③ 摇摆：随即向左作弧形摆动。

④ 回收：左脚回收复原。

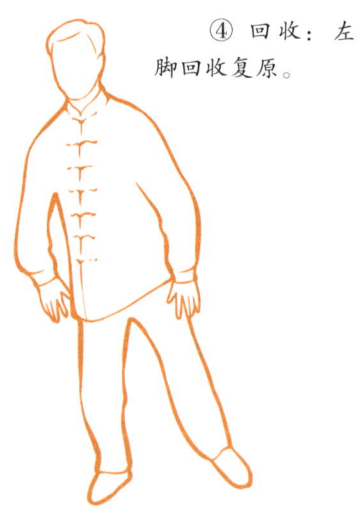

再向右作同样摆动,各四次。
马步、倾旋(吸气),摇摆、复原(呼气)。

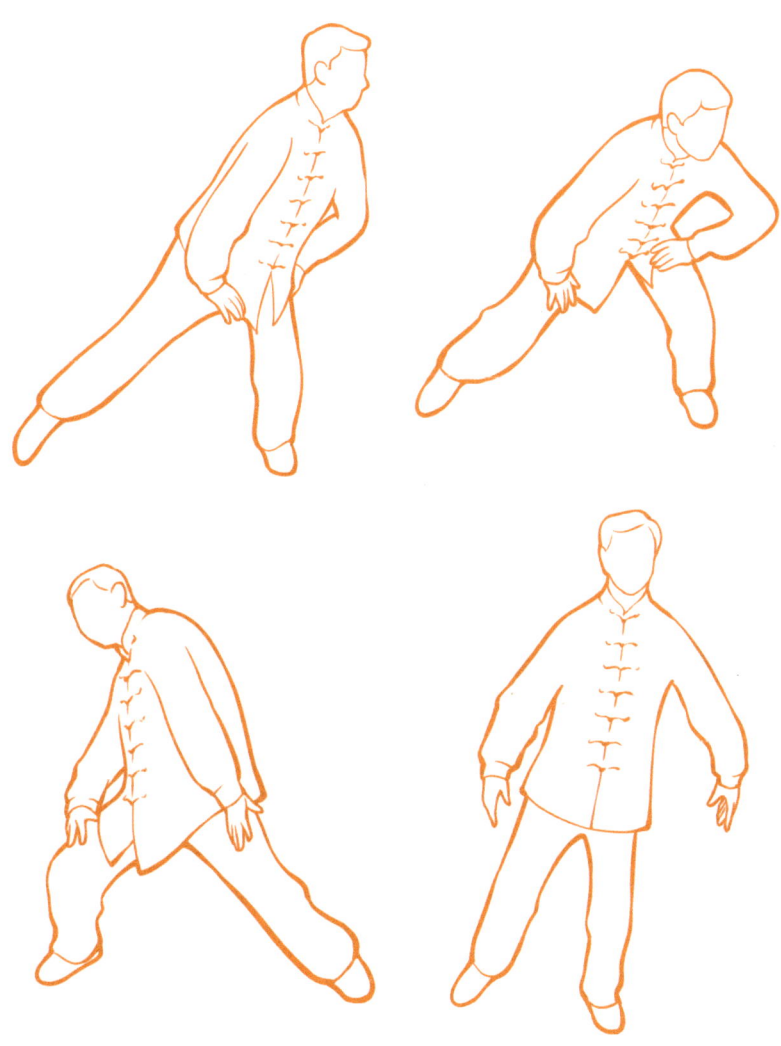

（7）八段锦第六式：两手攀足固肾腰。
操作法：

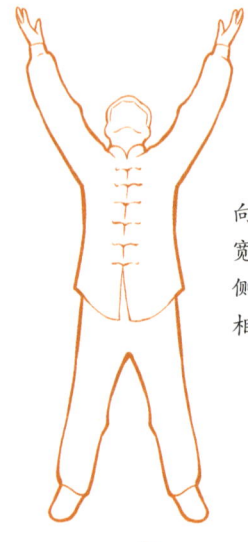

① 开步：左脚向左开步，与肩同宽，双手同时从两侧向上抱举，手心相对。

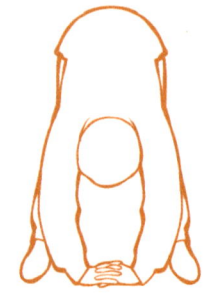

② 攀足：上体前屈，膝盖挺直，两手攀两足尖。头高抬，随后恢复直立。

③ 固肾：两手虚握，从两侧收至后背，抵住后腰腰眼处，上体后仰，复原。

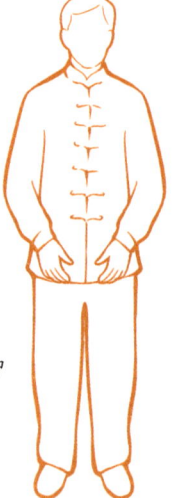

④ 回收：左脚回收复原。

先左后右,交替进行各四次。

开步、攀足(吸气),固肾、复原(呼气)。

（8）八段锦第七式：攒拳怒目增气力。
操作法：

① 马步：左脚向左侧出一步，两腿屈成骑马式，同时双手握拳放在腰侧，拳心向上。

② 抱拳：左手前平伸，手外旋抓握，然后握拳收回腰侧，拳心向上。

③ 攒拳：先右拳向右前方击，收回，然后换左拳击出。

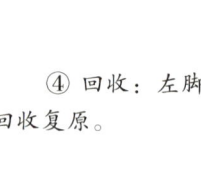

④ 回收：左脚回收复原。

马步、抱拳(吸气),攒拳、复原(呼气)。
共八次。

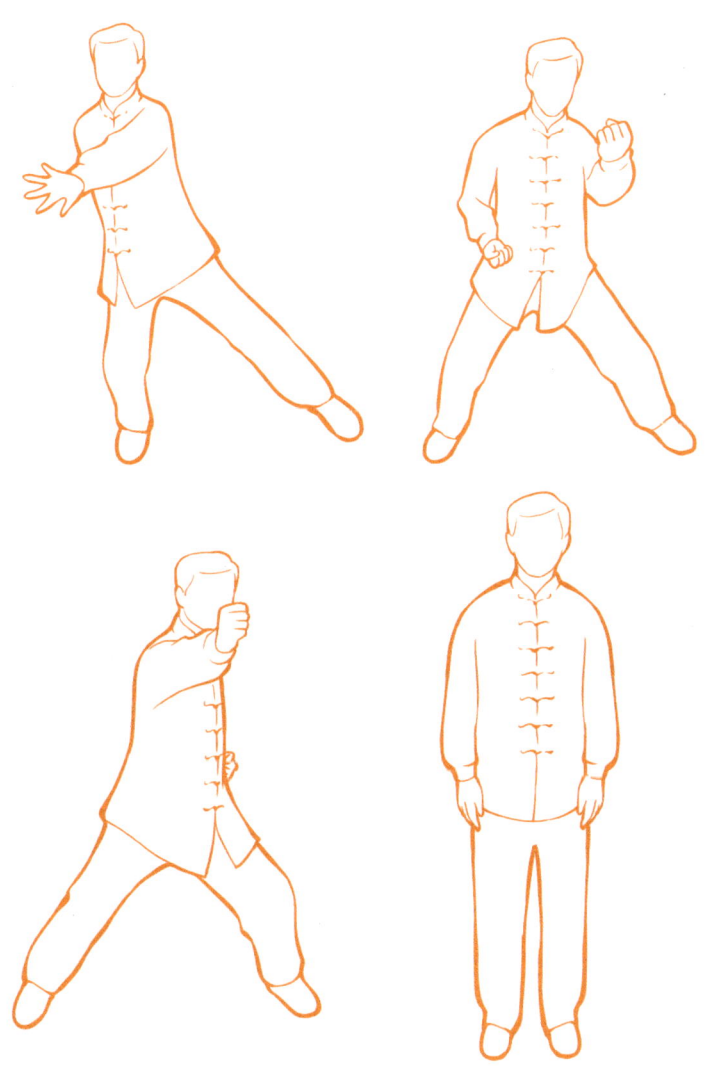

（9）八段锦第八式：背后七颠百病消。
操作法：

① 开步：左脚向左开步，与肩同宽。

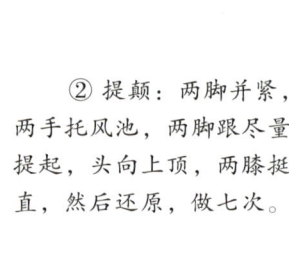

② 提颠：两脚并紧，两手托风池，两脚跟尽量提起，头向上顶，两膝挺直，然后还原，做七次。

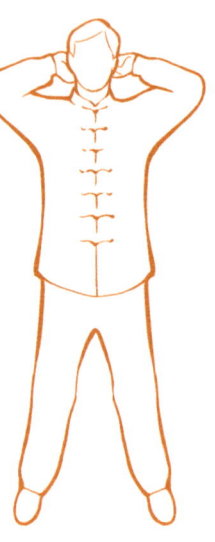

③ 回收：左脚回收复原。

向右侧开步重复一次。
头向上顶(吸气),复原(呼气)。

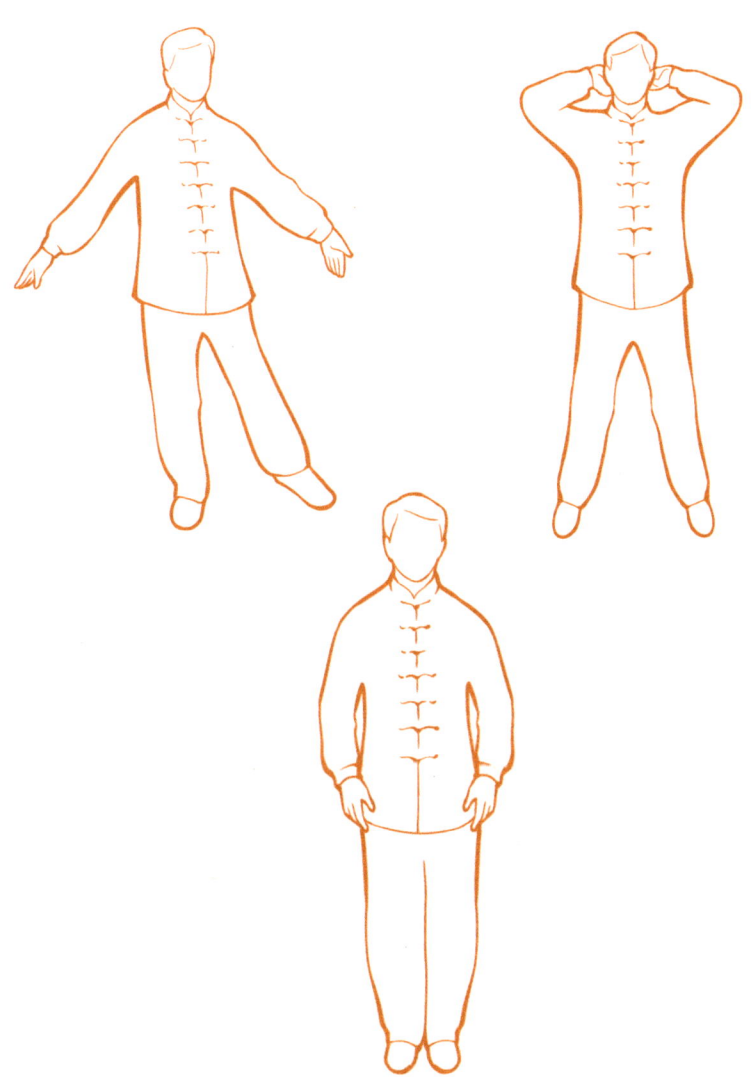

(10) 八段锦收式
操作法：

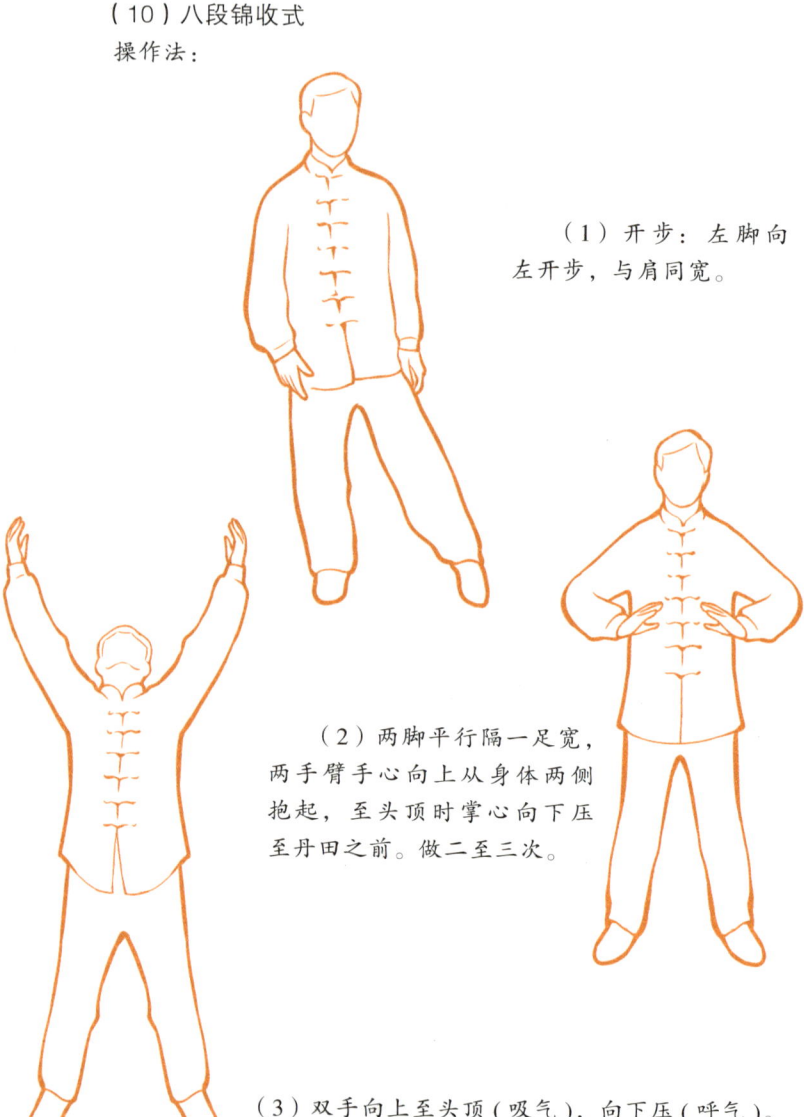

（1）开步：左脚向左开步，与肩同宽。

（2）两脚平行隔一足宽，两手臂手心向上从身体两侧抱起，至头顶时掌心向下压至丹田之前。做二至三次。

（3）双手向上至头顶(吸气)，向下压(呼气)。

2. 坐式八段锦

(1) 八段锦预备式

操作法：正身端坐，两手抚膝，足开肩宽，静息调形。

两手臂手心向上从身体两侧抱起，至头顶时曲臂，掌心向下压至丹田之前。做二至三次。

① 抱手：两手叉小腹前。

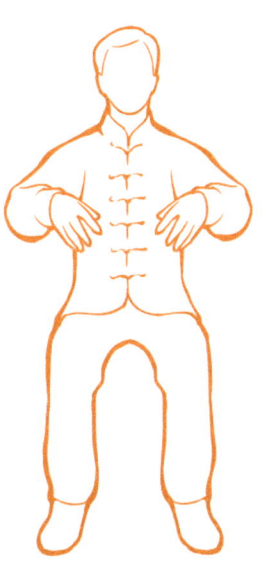

② 平端：然后同时从小腹前提起，向上平端。

（2）八段锦第一式：两手托天理三焦，简称双手托天。
操作法：

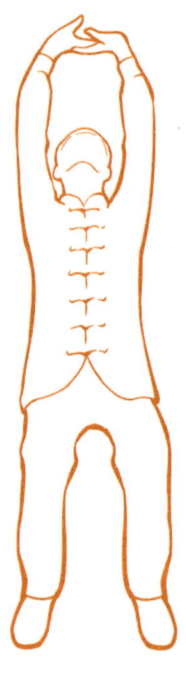

③ 托天：提到两眉前时翻手，掌心向上，托过头顶，伸直手臂。

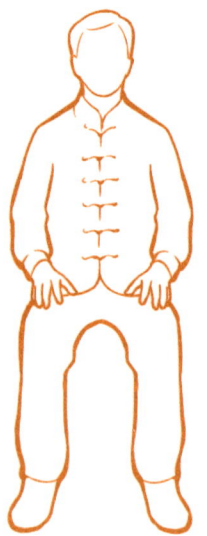

④ 回收：双手回收复原。

当两手提至两眉前时，双目注视两手，反手上托后注视两手背。然后重复上面动作。每次可做八次上托。

能调理上、中、下三焦及舒展上肢关节。

抱手、平端（吸气），托天、复原（呼气）。

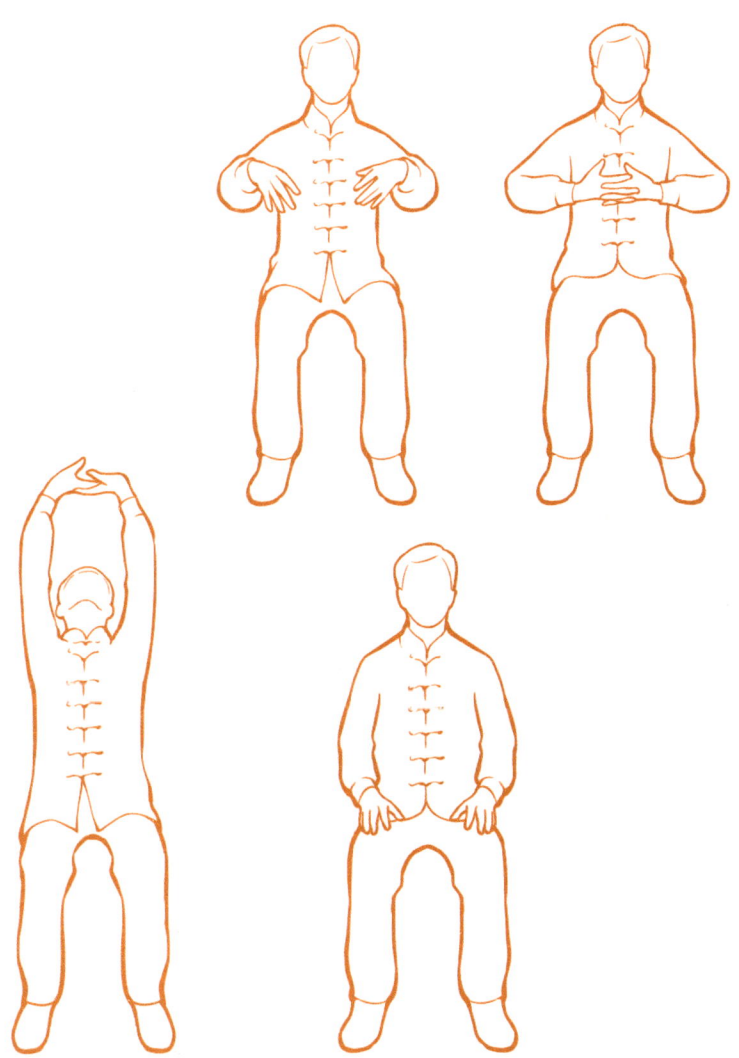

（3）八段锦第二式：左右开弓似射雕，简称左右开弓。
操作法：

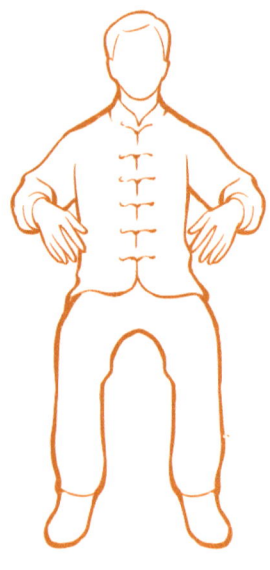

① 端手：双手端至小腹前。

② 搭腕：两手握拳。交叉于左胸前。

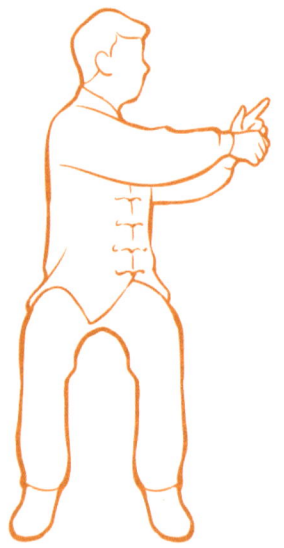

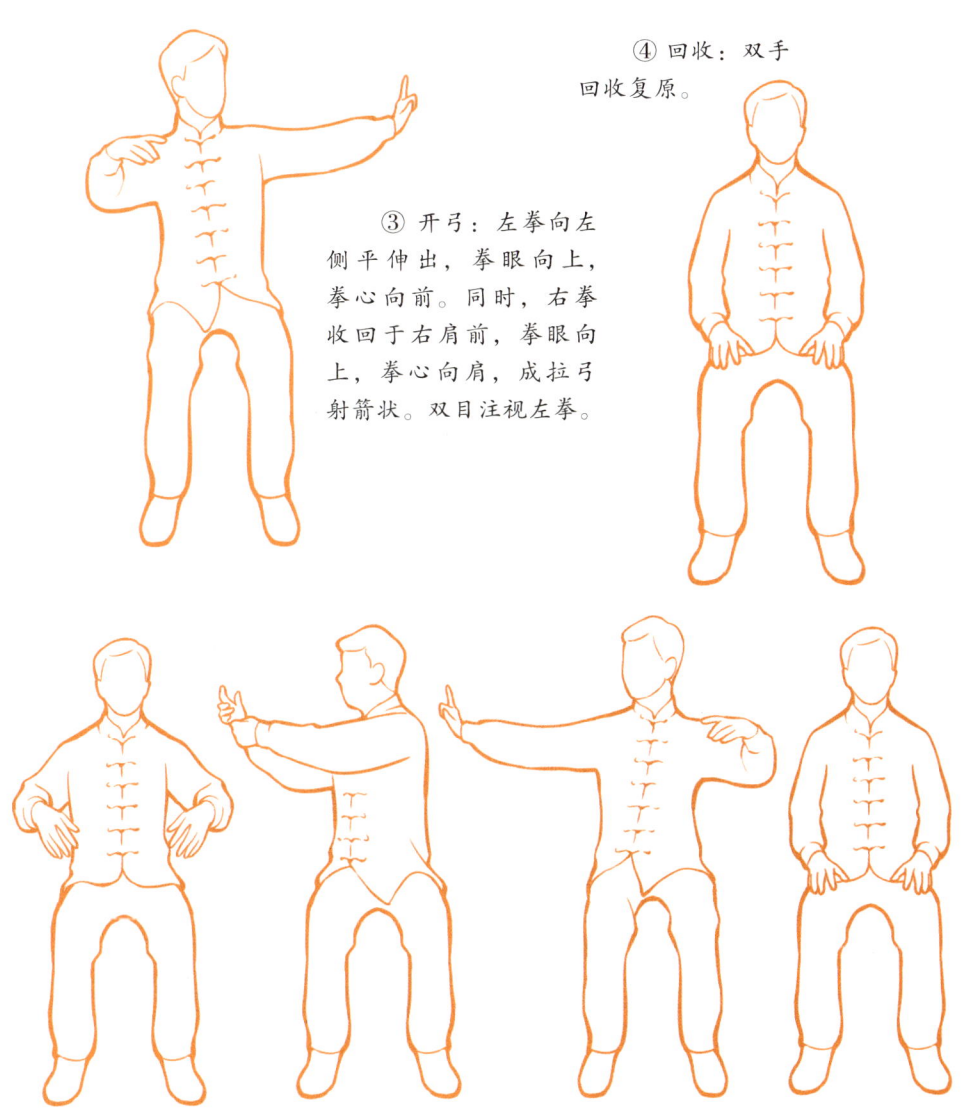

③ 开弓：左拳向左侧平伸出，拳眼向上，拳心向前。同时，右拳收回于右肩前，拳眼向上，拳心向肩，成拉弓射箭状。双目注视左拳。

④ 回收：双手回收复原。

然后换向右侧做，左右共八次。
有增强肺气及舒松胸部、肩部等作用。
端手、搭腕（吸气），开弓、复原（呼气）。

（4）八段锦第三式：调理脾胃须单举，亦称左右托天、单举托天。

操作法：

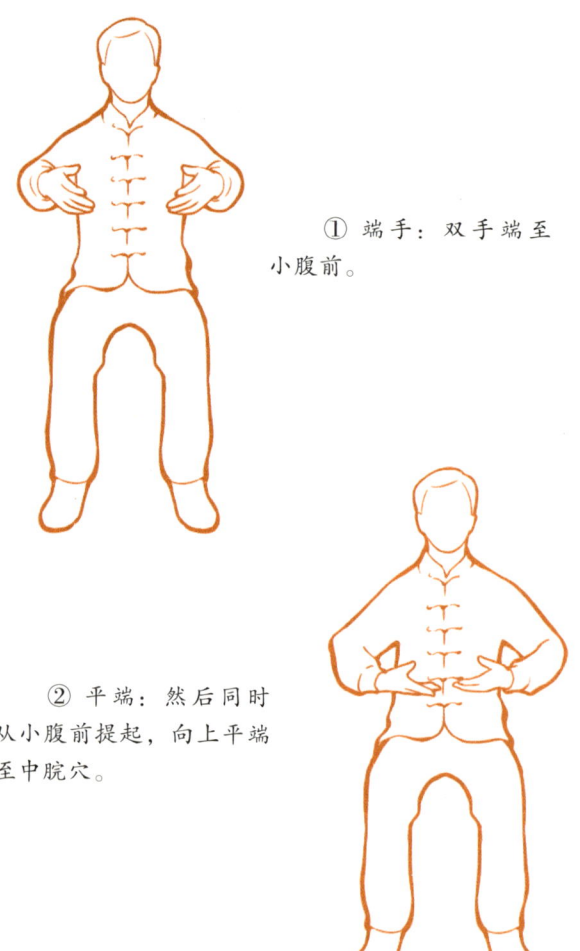

① 端手：双手端至小腹前。

② 平端：然后同时从小腹前提起，向上平端至中脘穴。

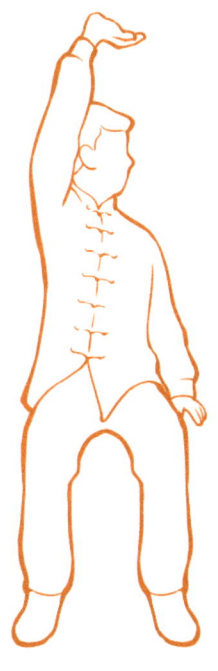

③ 单举：以一手下压，一手向上托起，移至双眉时翻手，掌心向上，托过头顶，伸直手臂。

④ 回收：双手回收复原。

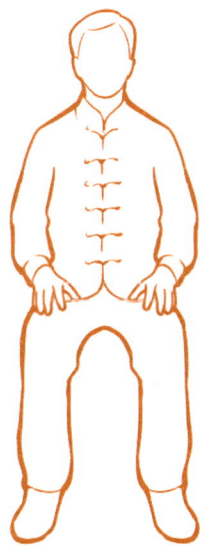

动作同时，双目向上注视手背，先左后右，两手交替进行各四次。

有调理脾胃，改善消化功能的作用，也有利于舒展上肢关节。

端手、平端(吸气)，单举、复原(呼气)。

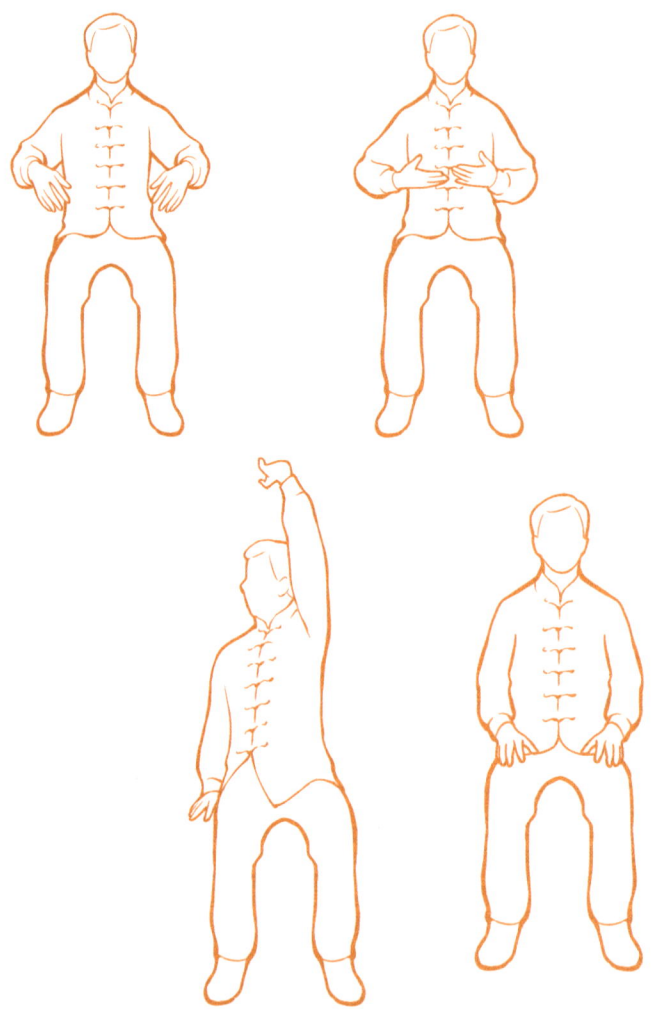

（5）八段锦第四式：五劳七伤往后瞧。

操作法：

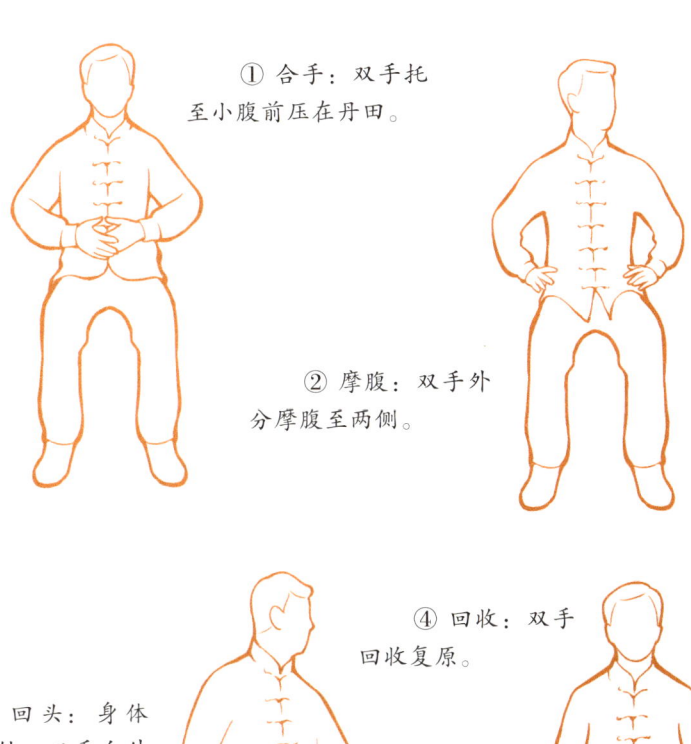

① 合手：双手托至小腹前压在丹田。

② 摩腹：双手外分摩腹至两侧。

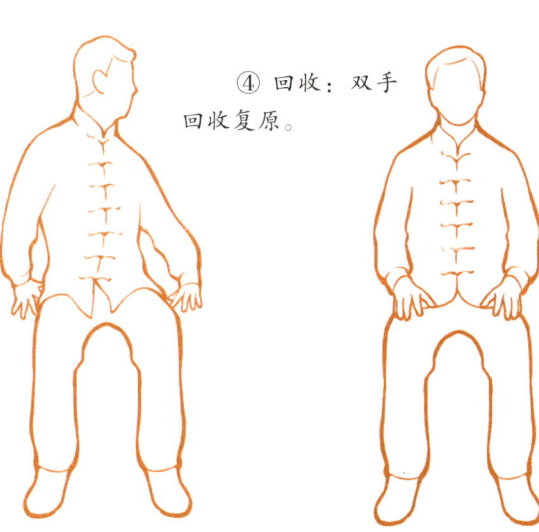

③ 回头：身体徐徐左转，双手向外下方平按。头亦随之左转，双目向肩后瞧。略停。

④ 回收：双手回收复原。

再向右侧转做。左右轮做四次。
合手、摩腹(吸气),回头、复原(呼气)。

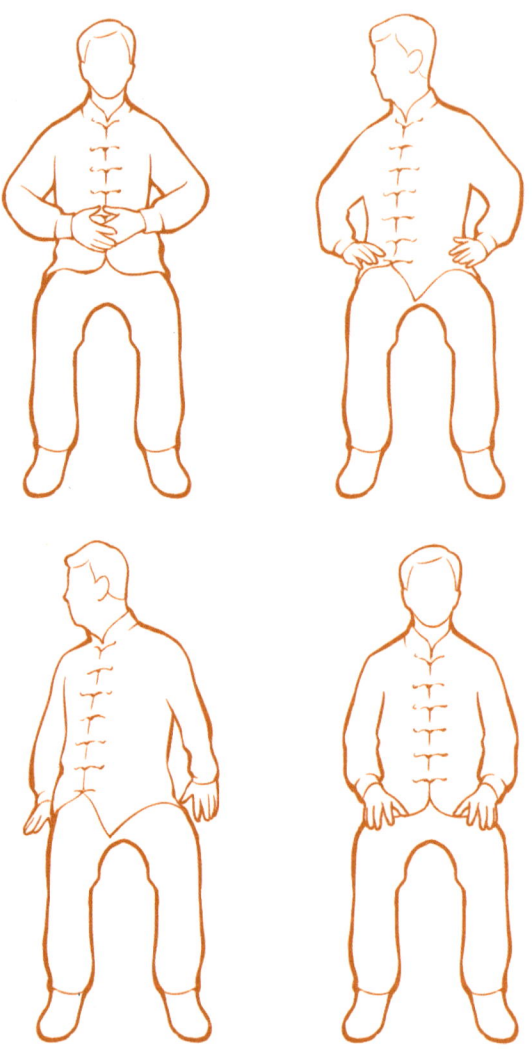

（6）八段锦第五式：摇头摆尾去心火。

操作法：

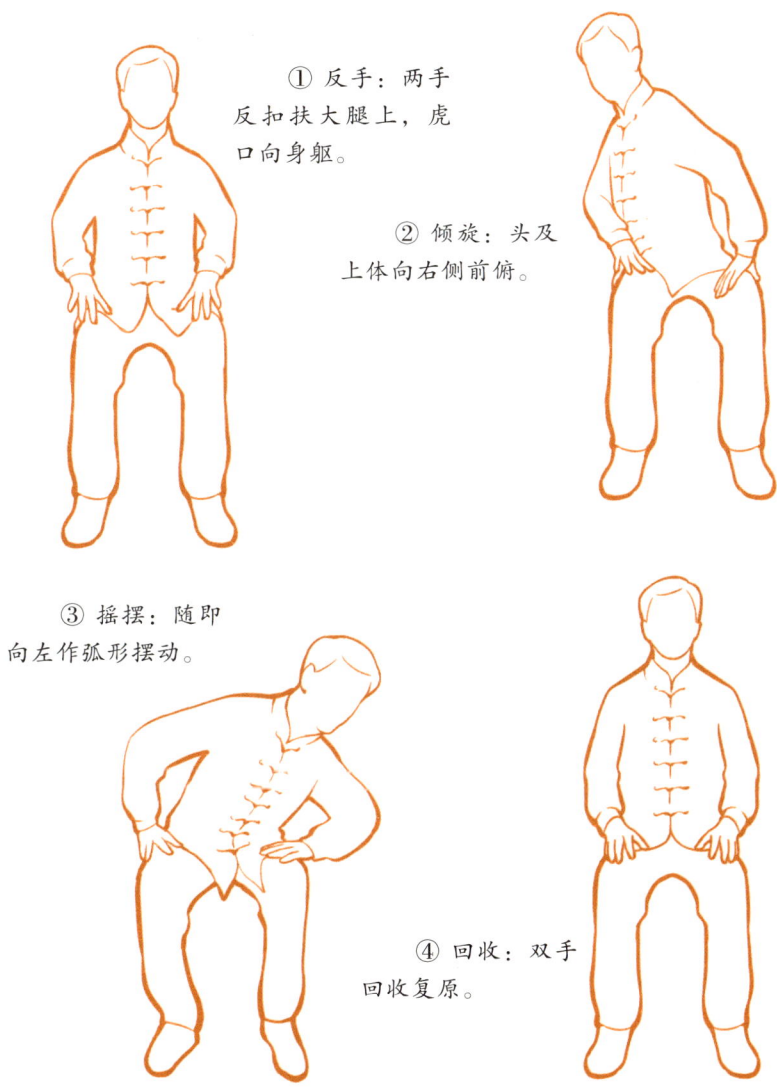

① 反手：两手反扣扶大腿上，虎口向身躯。

② 倾旋：头及上体向右侧前俯。

③ 摇摆：随即向左作弧形摆动。

④ 回收：双手回收复原。

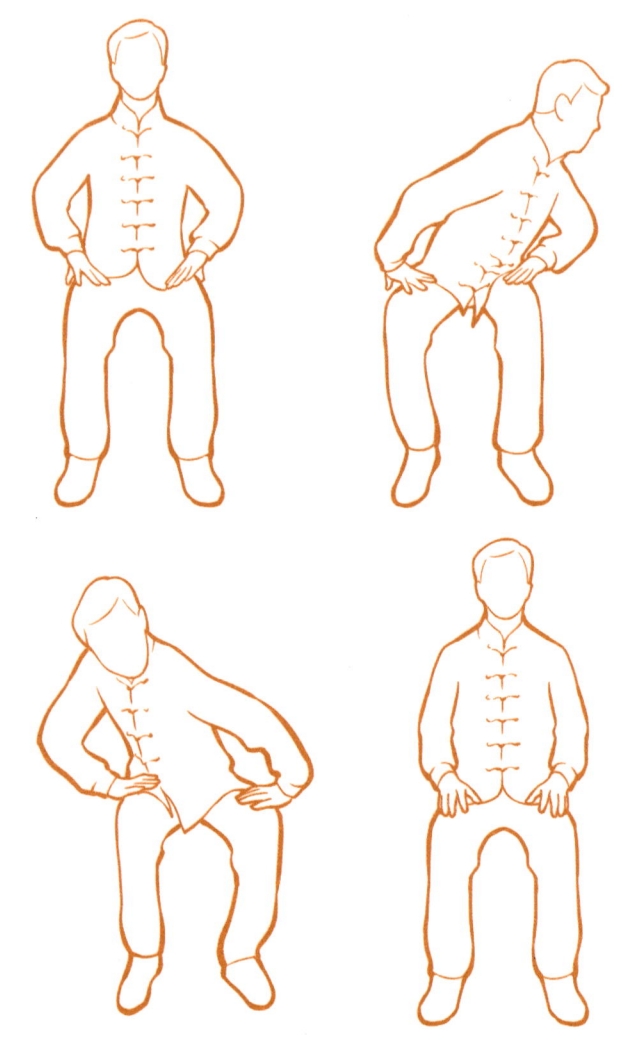

再向右作同样摆动,各四次。
反手、倾旋(吸气),摇摆、复原(呼气)。

（7）八段锦第六式：两手攀足固肾腰。

操作法：

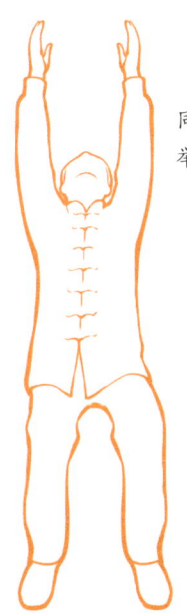

① 上抱：双手同时从两侧向上抱举，手心相对。

② 攀足：上体前屈，膝盖挺直，两手攀两足尖。头高抬，随后恢复直立。

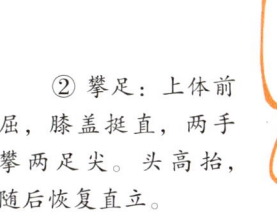

④ 回收：双手回收复原。

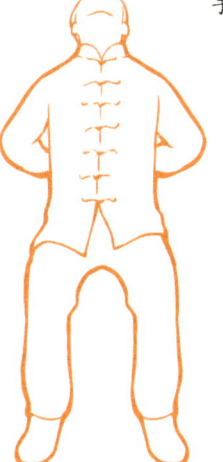

③ 固肾：两手虚握，从两侧收至后背，抵住后腰腰眼处，上体后仰，复原。

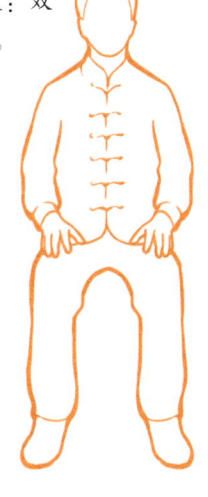

上抱、攀足(吸气),固肾、复原(呼气)。

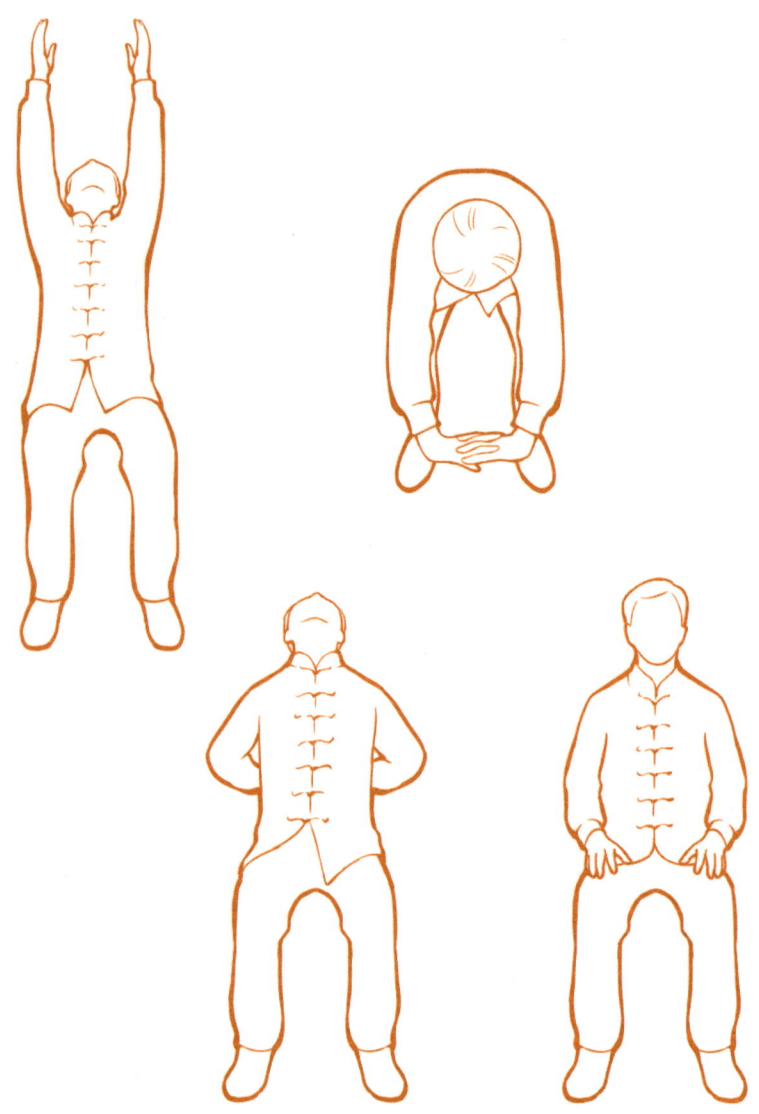

（8）八段锦第七式：攒拳怒目增气力。
操作法：

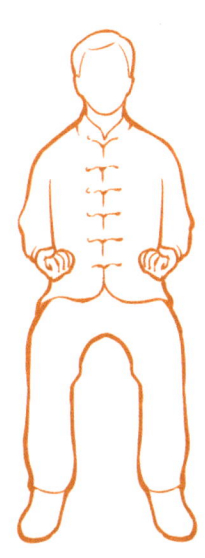

① 抱拳：两手握拳放在两腰侧，拳心向上。

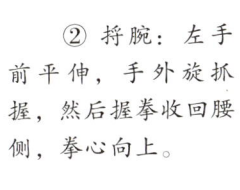

② 捋腕：左手前平伸，手外旋抓握，然后握拳收回腰侧，拳心向上。

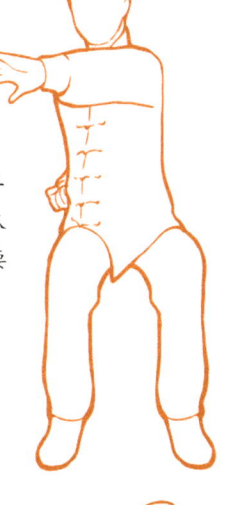

③ 攒拳：先右拳向右前方击出，后换左拳击出。

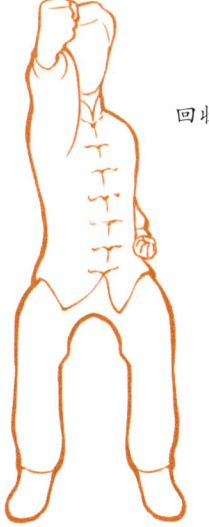

④ 回收：双手回收复原。

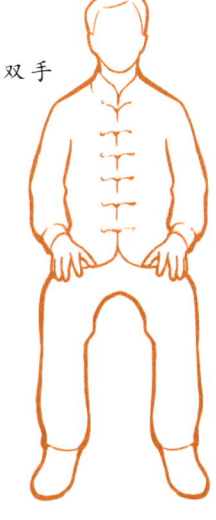

然后反向操作，轮换，共八次。
抱拳、抒腕（吸气），攒拳、复原（呼气）。

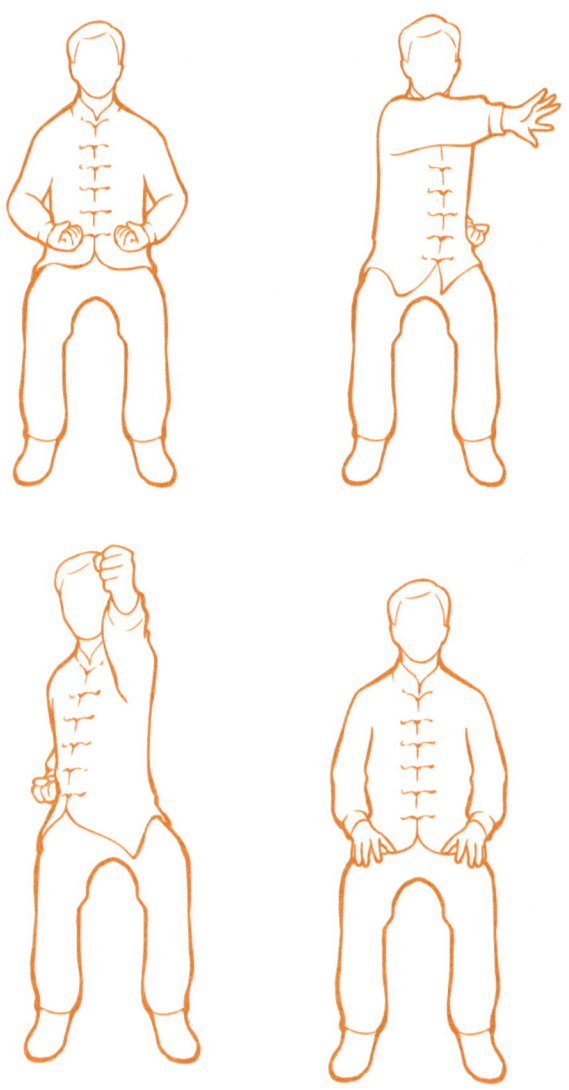

（9）八段锦第八式：背后七颠百病消。

操作法：

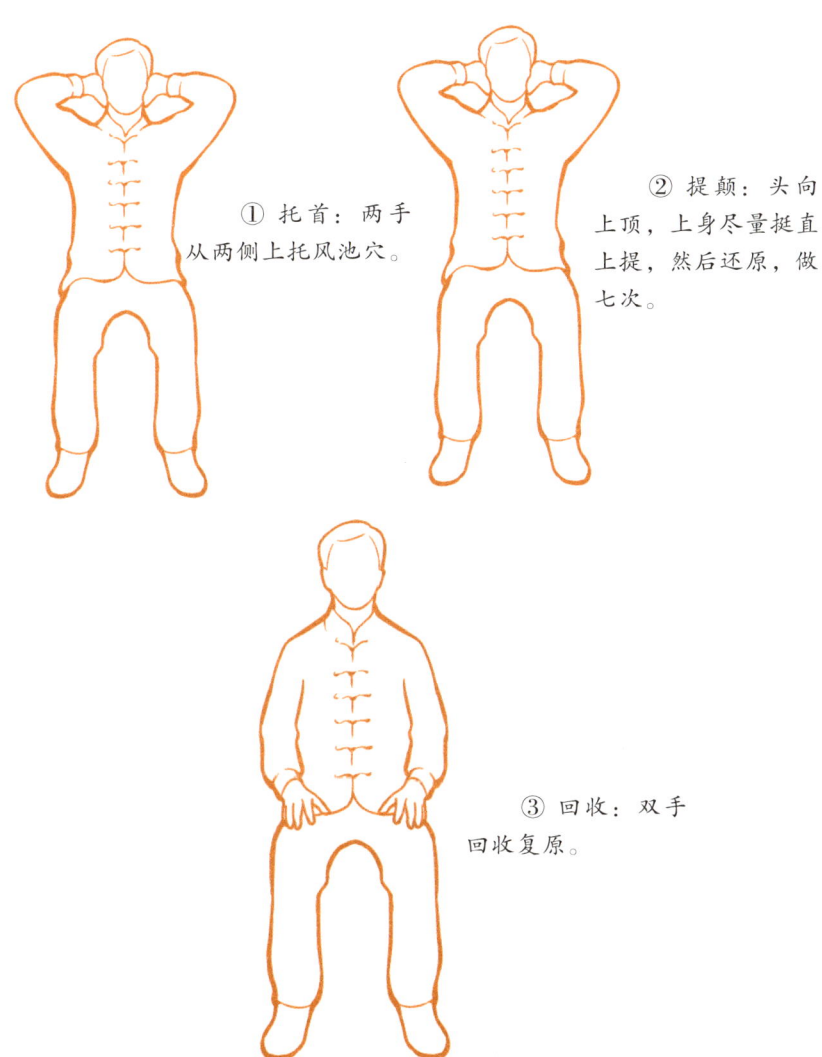

① 托首：两手从两侧上托风池穴。

② 提颠：头向上顶，上身尽量挺直上提，然后还原，做七次。

③ 回收：双手回收复原。

向右侧开步重复一次。
头向上顶（吸气），复原（呼气）。

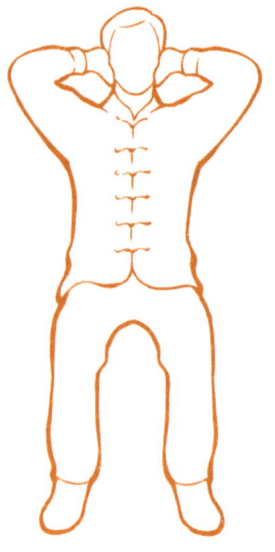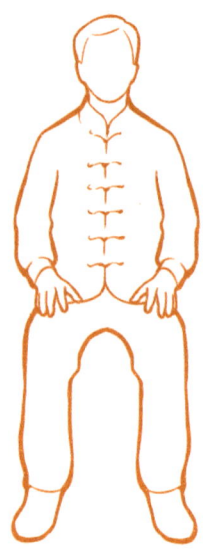

（10）八段锦收式

操作法：正身端坐，两手抚膝，足开肩宽，静息调形。

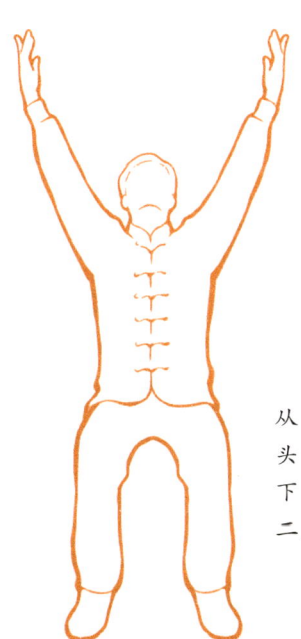

两手臂手心向上从身体两侧抱起，至头顶时曲臂，掌心向下压至丹田之前。做二至三次。

双手向上至头顶（吸气），向下压（呼气）。

双手上抱，曲臂下按，气沉丹田，全身放松。

3. 盘式武八段

（1）八段锦预备式

操作法：正身盘坐，两手抚膝，足开肩宽，静息调形。

两手臂手心向上从身体两侧抱起，至头顶时曲臂，掌心向下压至丹田之前。做二至三次。

① 抱手：两手叉小腹前。

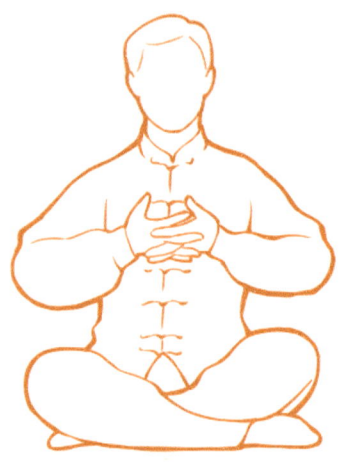

② 平端：然后同时从小腹前提起，向上平端。

（2）八段锦第一式：两手托天理三焦，简称"双手托天"。
操作法：

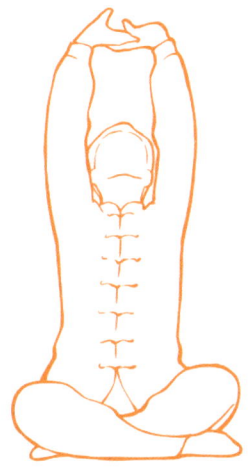

③ 托天：提到两眉前时翻手，掌心向上，托过头顶，伸直手臂。

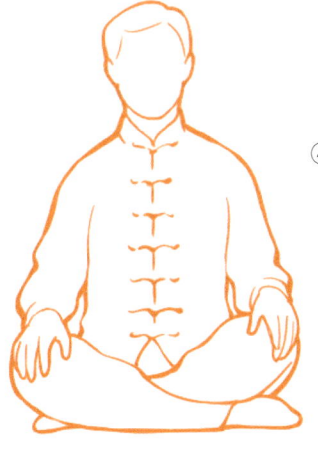

④ 回收：双手回收复原。

当两手提至两眉前时，双目注视两手，反手上托后注视两手背。然后重复上面动作。每次可做八次上托。

能调理上、中、下三焦及舒展上肢关节。

抱手、平端(吸气)，托天、复原(呼气)。

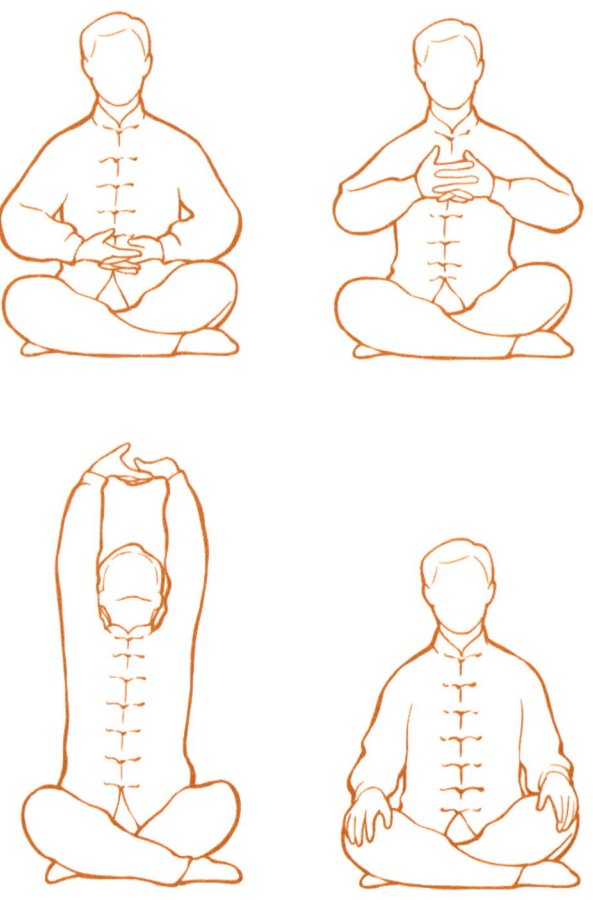

（3）八段锦第二式：左右开弓似射雕，简称左右开弓。

操作法：

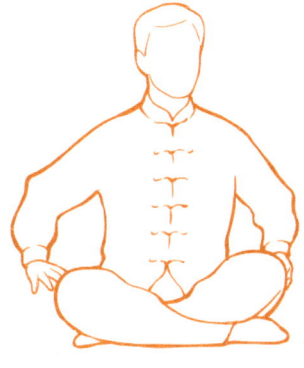

① 端手：双手端至小腹前。

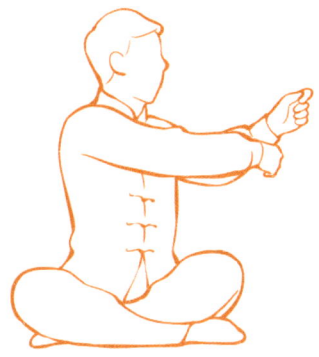

② 搭腕：两手握拳。交叉于左胸前。

③ 开弓：左拳向左侧平伸出，拳眼向上，拳心向前。同时，右拳收回于右肩前，拳眼向上，拳心向肩，成拉弓射箭状。双目注视左拳。

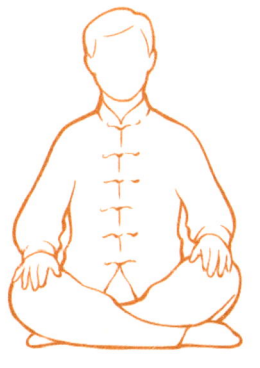

④ 回收：双手回收复原。

然后换向右侧做，左右共八次。
有增强肺气及舒松胸部、肩部等作用。
马步、搭腕（吸气），开弓、复原（呼气）。

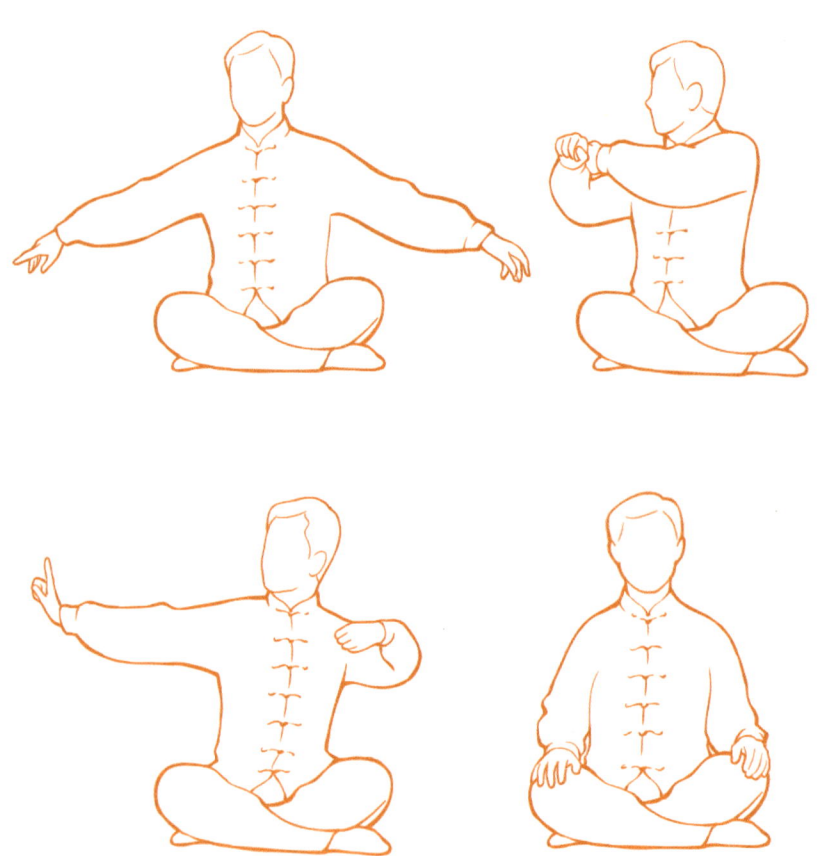

（4）八段锦第三式：调理脾胃须单举，亦称左右托天、单举托天。

操作法：

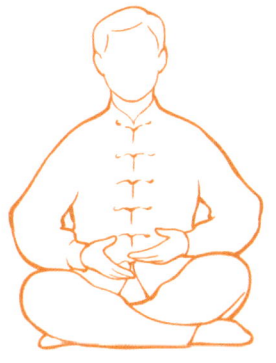

① 端手：双手端至小腹前。

② 平端：然后同时从小腹前提起，向上平端至中脘穴。

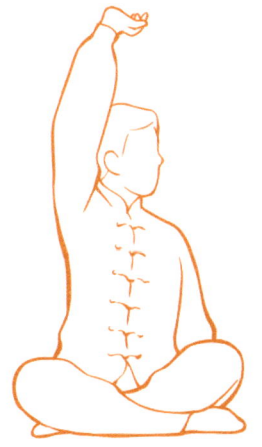

③ 单举：以一手下压，一手向上托起，移至双眉时翻手，掌心向上，托过头顶，伸直手臂。

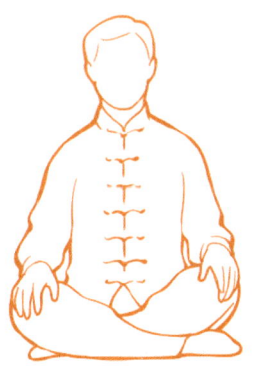

④ 回收：双手回收复原。

动作同时,双目向上注视手背,先左后右,两手交替进行各四次。

有调理脾胃,改善消化功能的作用,也有利于舒展上肢关节。

端手、平端(吸气),单举、复原(呼气)。

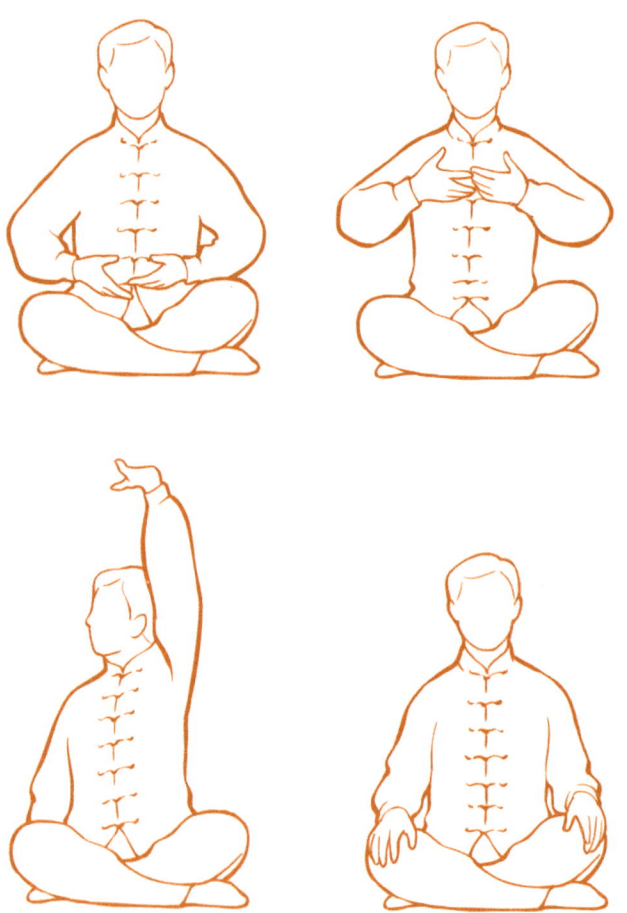

（5）八段锦第四式：五劳七伤往后瞧。

操作法：

① 合手：双手托至小腹前压在丹田。

② 摩腹：双手外分摩腹至两侧。

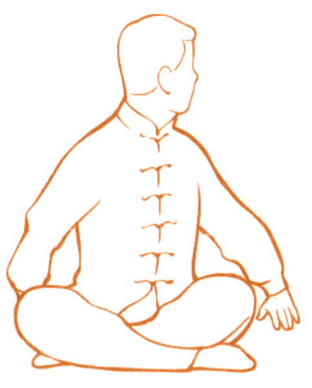

③ 回头：身体徐徐左转，双手向外下方平按。头亦随之左转，双目向肩后瞧。略停。

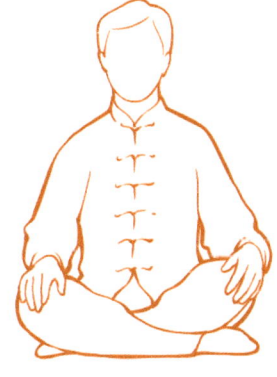

④ 回收：双手回收复原。

再向右侧转做。左右轮做 4 次。
合手、摩腹 (吸气)，回头、复原 (呼气)。

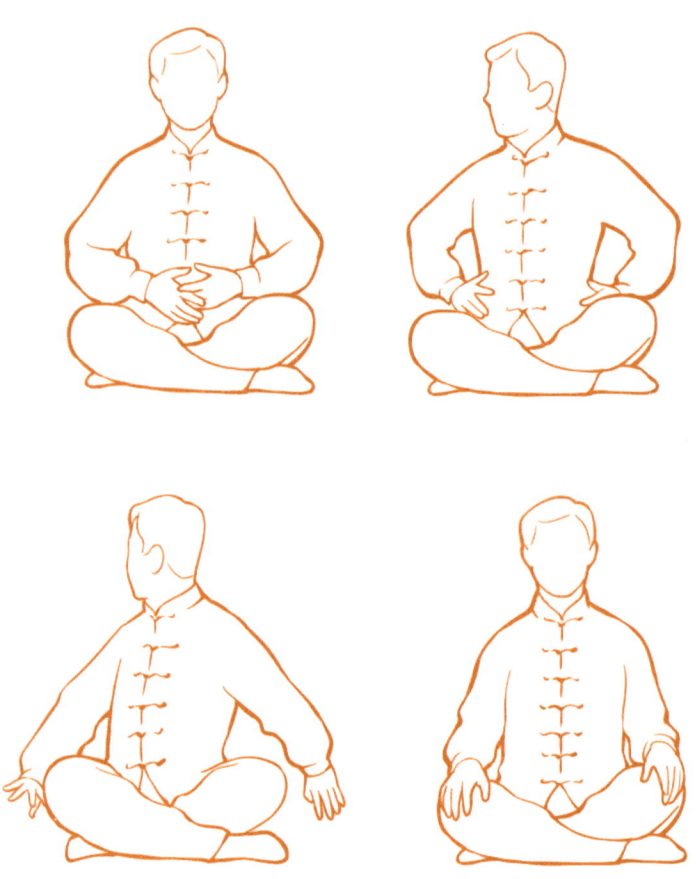

（6）八段锦第五式：摇头摆尾去心火。

操作法：

① 反手：两手反扣扶大腿上，虎口向身躯。

② 倾旋：头及上体向右侧前俯。

③ 摇摆：随即向左作弧形摆动。

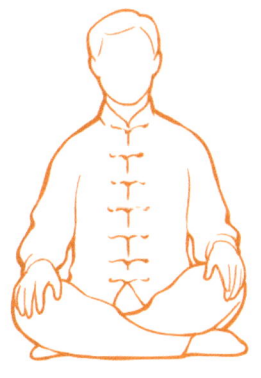

④ 回收：双手回收复原。

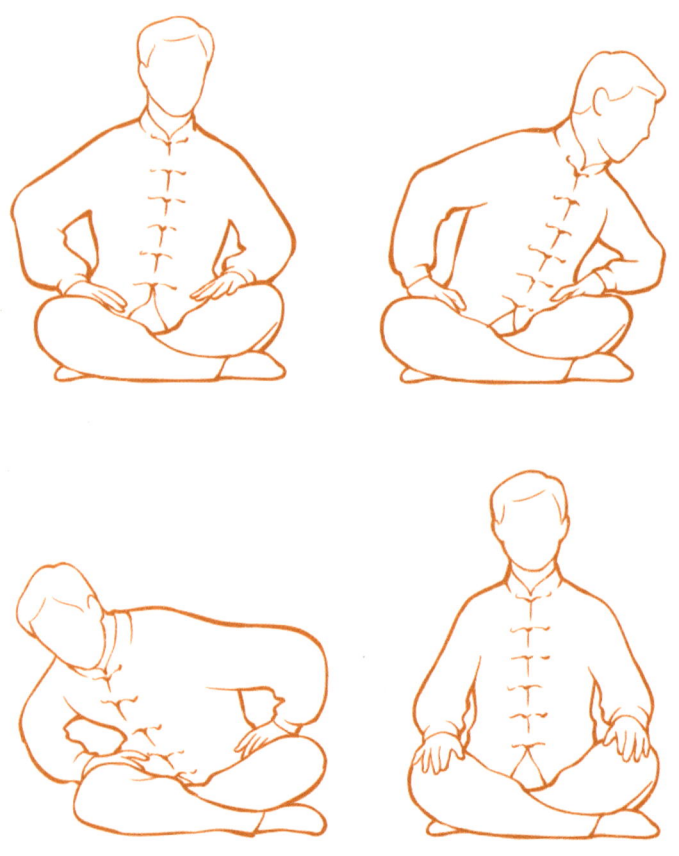

再向右作同样摆动,各四次。
反手、倾旋(吸气),摇摆、复原(呼气)。

（7）八段锦第六式：两手攀足固肾腰。

操作法：

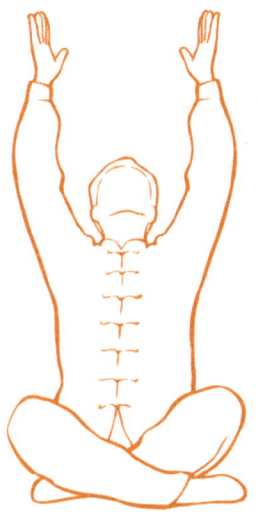

① 上抱：双手同时从两侧向上抱举，手心相对，同时双腿向前平伸。

② 攀足：上体前屈，膝盖挺直，两手攀两足尖。头高抬，随后恢复直立。

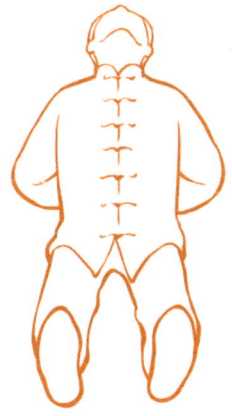

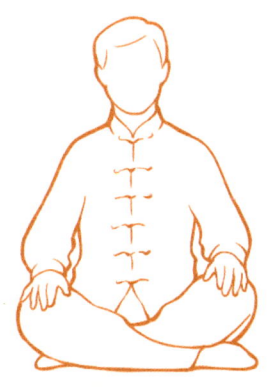

③ 固肾：两手虚握，从两侧收至后背，抵住后腰腰眼处，上体后仰，复原。

④ 回收：双手回收复原。

上抱、攀足（吸气），固肾、复原（呼气）。

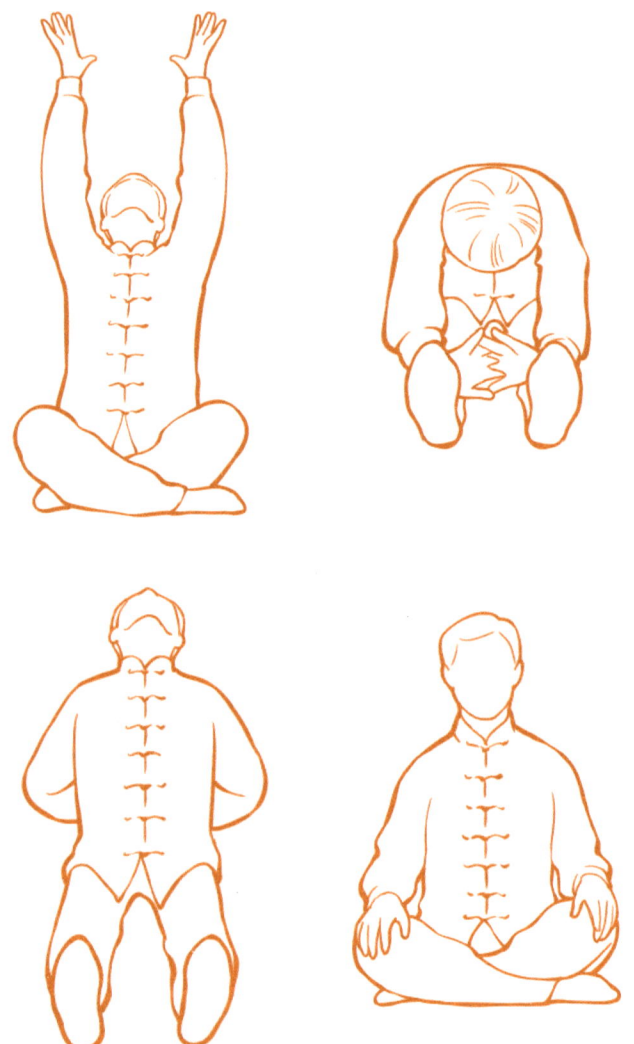

（8）八段锦第七式：攒拳怒目增气力。

操作法：

① 抱拳：两手握拳放在两腰侧，拳心向上。

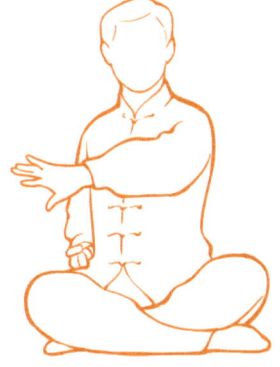

② 捋腕：左手前平伸，手外旋抓握，然后握拳收回腰侧，拳心向上。

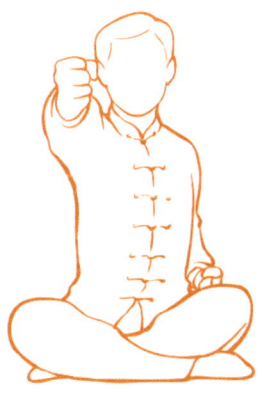

③ 攒拳：先右拳向右前方击出，后换左拳击出。

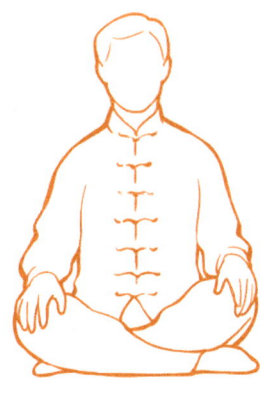

④ 回收：双手回收复原。

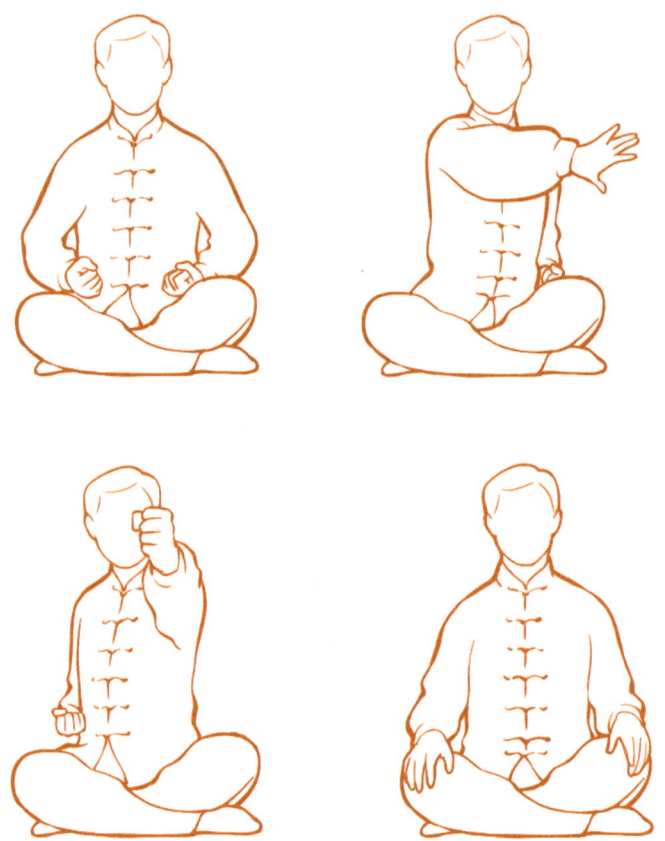

然后反向操作,轮换,共八次。
抱拳、捋腕(吸气),攒拳、复原(呼气)。

(9)八段锦第八式:背后七颠百病消。

操作法:

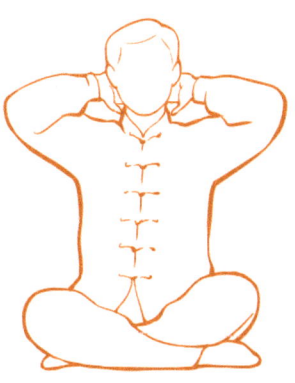 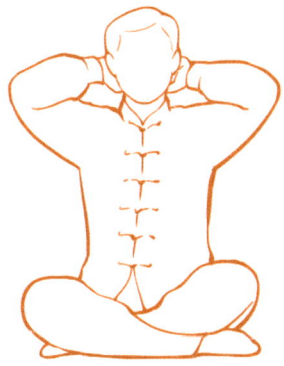

① 托首:两手从两侧上托风池穴。

② 提颠:头向上顶,上身尽量挺直上提,然后还原,做七次。

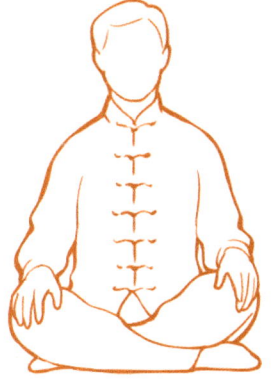

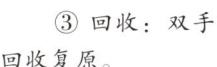

③ 回收:双手回收复原。

向右侧开步重复一次。
头向上顶（吸气），复原（呼气）。

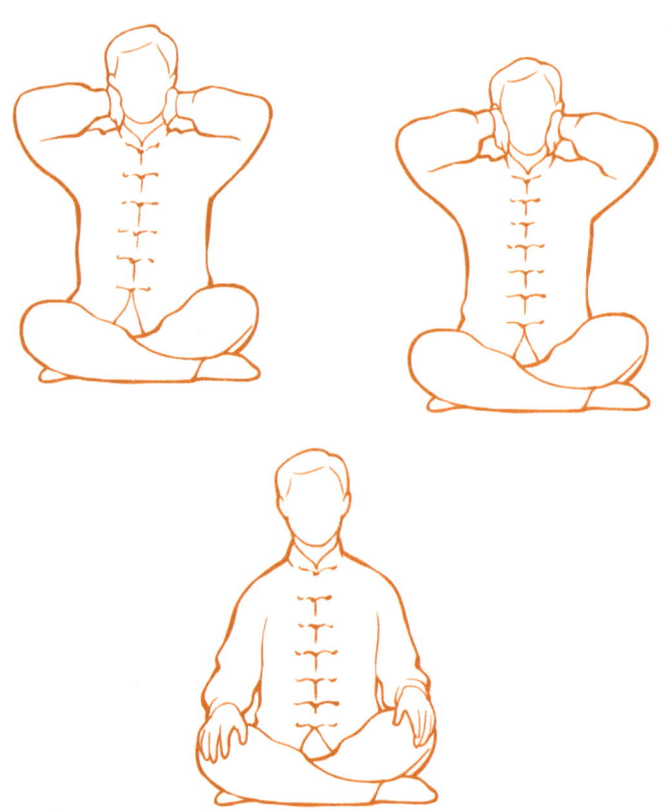

（10）八段锦收式

操作法：正身端坐，两手抚膝，足开肩宽，静息调形。

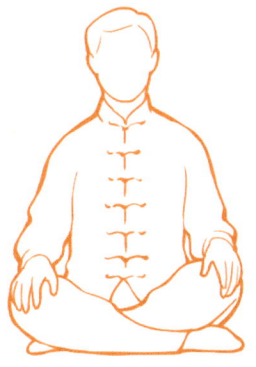

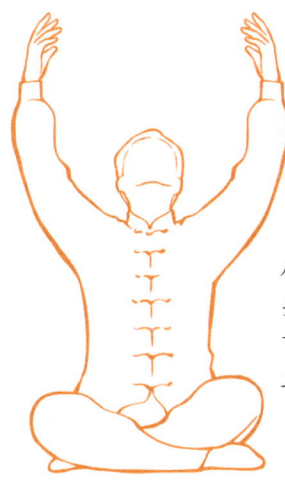

两手臂手心向上从身体两侧抱起，至头顶时曲臂，掌心向下压至丹田之前。做二至三次。

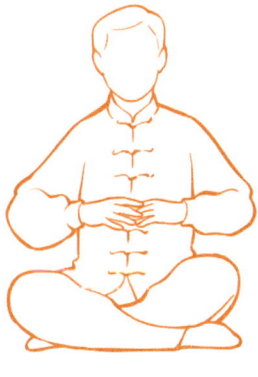

双手向上至头顶（吸气），向下压（呼气）。

双手上抱，曲臂下按，气沉丹田，全身放松。

4. 舱内八段锦

当我们身处机舱、驾驶舱等狭小空间时，可以采用舱内八段锦进行身心调整和锻炼。

(1) 八段锦预备式

其操作法：正身端坐，两手抚膝，足开肩宽，静息调形。

两手臂手心向内环抱，从身体前面向上抱起，至头顶时曲臂，掌心向下压至丹田之前。做二至三次。

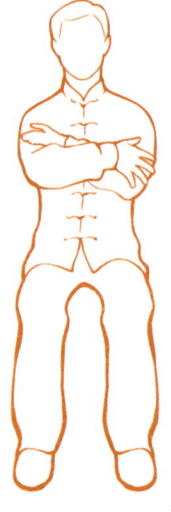

① 抱手：双手端抱至小腹前。

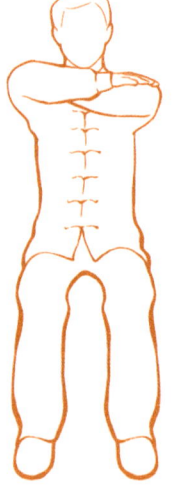

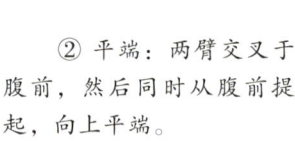

② 平端：两臂交叉于腹前，然后同时从腹前提起，向上平端。

（2）八段锦第一式：两手托天理三焦，简称双手托天。
操作法：

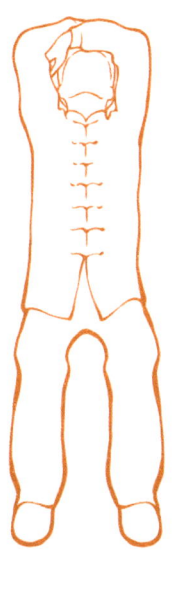

③ 托天：提到两眉前时翻臂，掌心向上，托至头顶。

④ 回收：双手下按，回收复原。

当两手提至两眉前时,双目注视前方,反手上托后注视前上方。
然后重复上面动作。每次可做八次上托。
能调理上、中、下三焦及舒展上肢关节。
抱手、平端(吸气),托天、复原(呼气)。

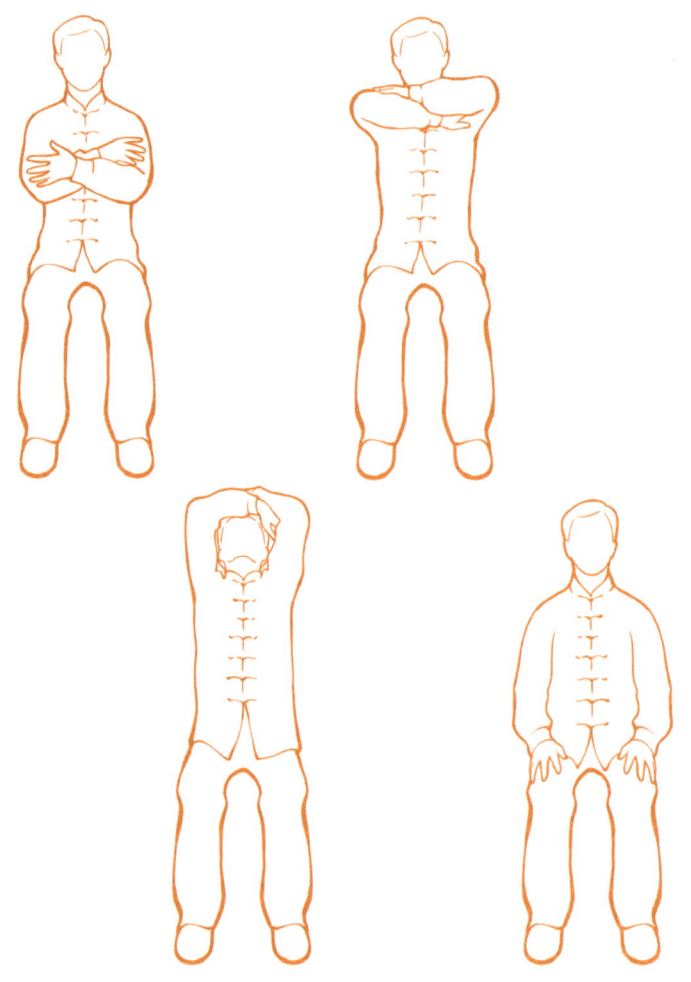

（3）八段锦第二式：左右开弓似射雕，简称左右开弓。
操作法：

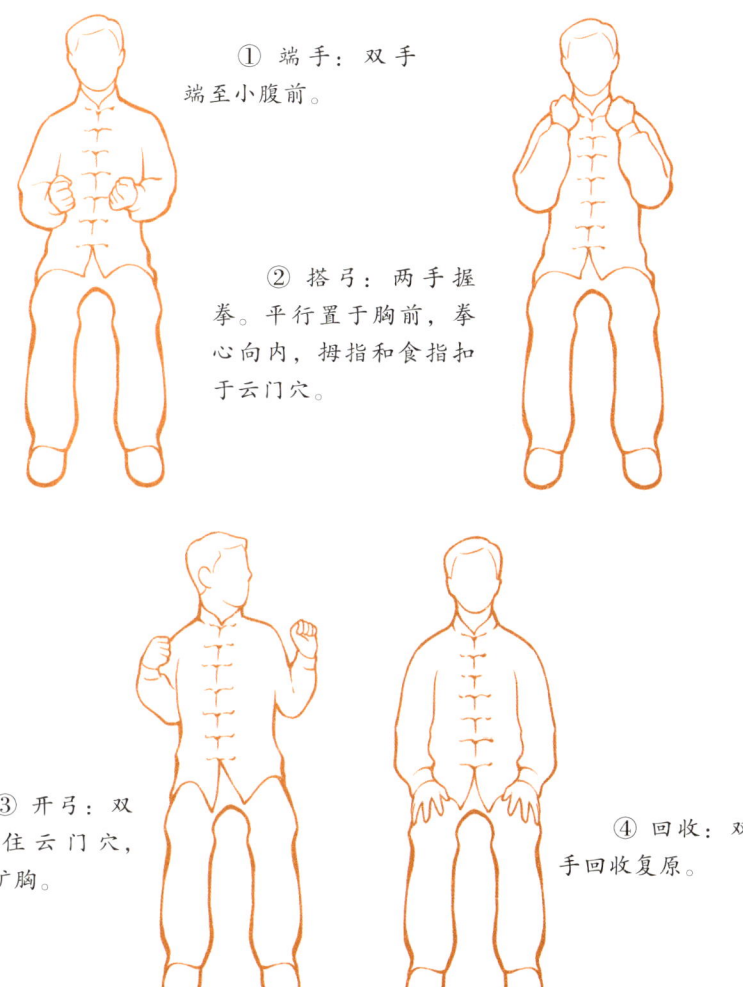

① 端手：双手端至小腹前。

② 搭弓：两手握拳。平行置于胸前，拳心向内，拇指和食指扣于云门穴。

③ 开弓：双拳压住云门穴，尽力扩胸。

④ 回收：双手回收复原。

然后重复，共8次。

有增强肺气及舒松胸部、肩部等作用。

平端至搭弓（吸气），拉弓和复原（呼气）。

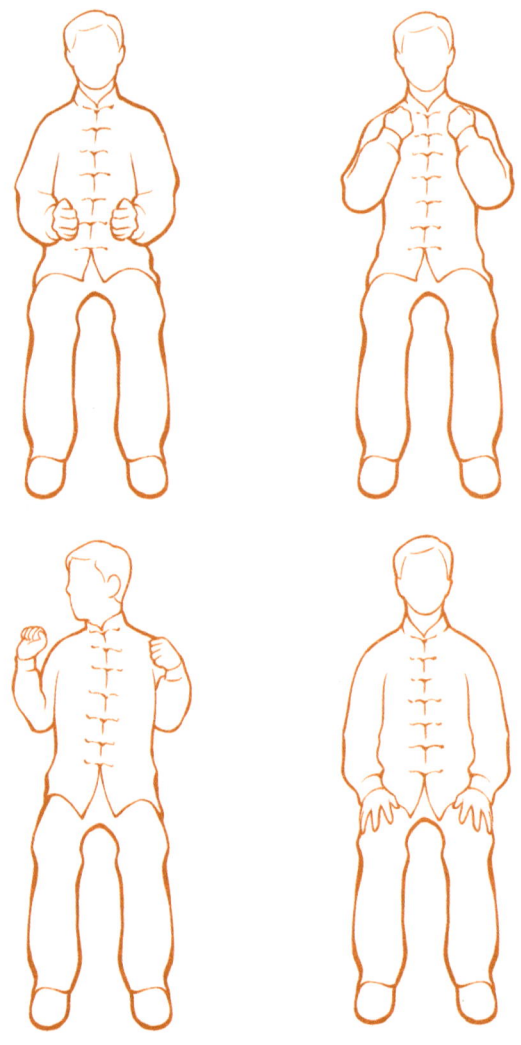

（4）八段锦第三式：调理脾胃须单举，亦称左右托天、单举托天。

操作法：

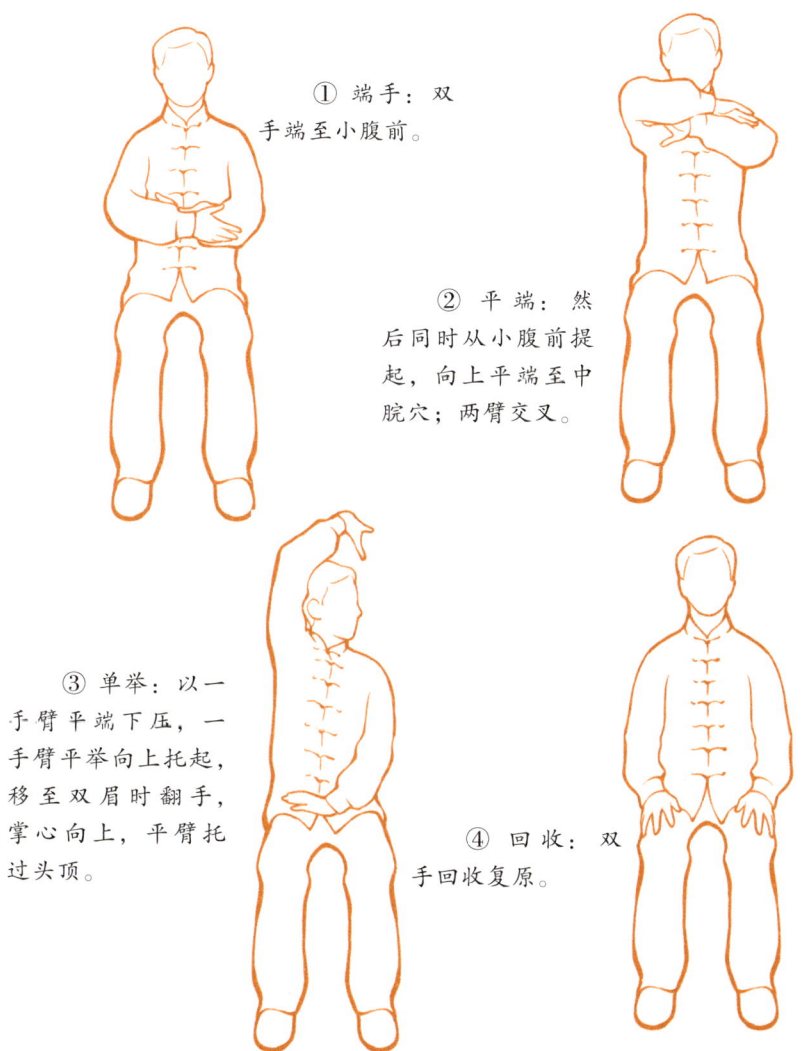

① 端手：双手端至小腹前。

② 平端：然后同时从小腹前提起，向上平端至中脘穴；两臂交叉。

③ 单举：以一手臂平端下压，一手臂平举向上托起，移至双眉时翻手，掌心向上，平臂托过头顶。

④ 回收：双手回收复原。

动作同时，双目向上注视手背，先左后右，两手交替进行各4次。有调理脾胃，改善消化功能的作用，也有利于舒展上肢关节。端手、平端（吸气），单举、复原（呼气）。

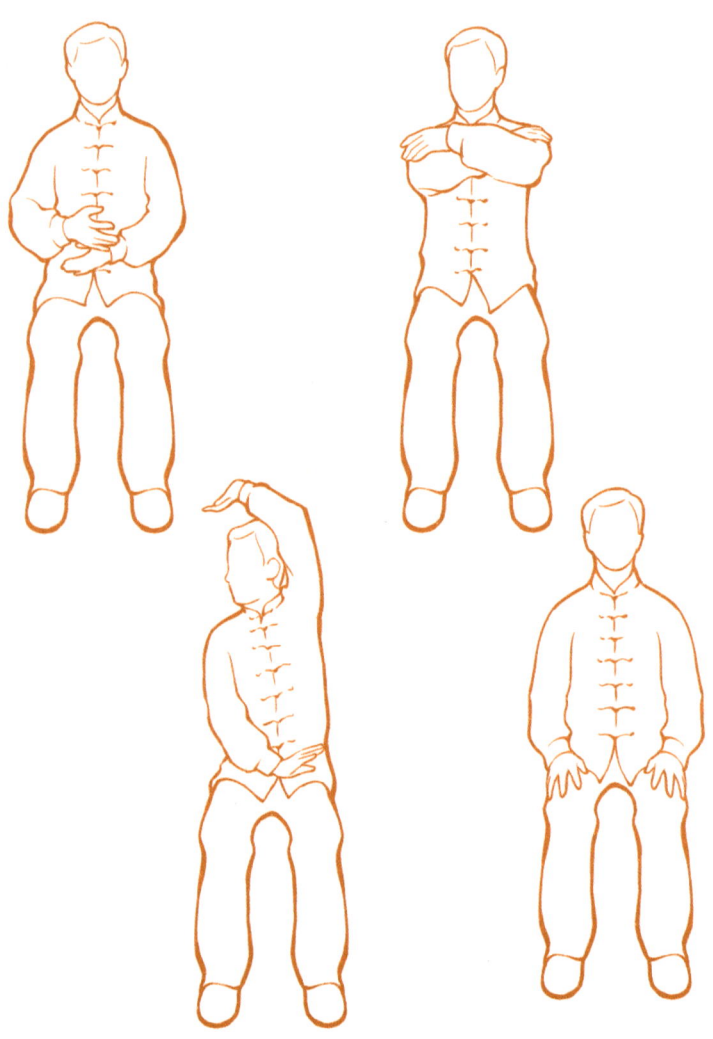

（5）八段锦第四式：五劳七伤往后瞧。

操作法：

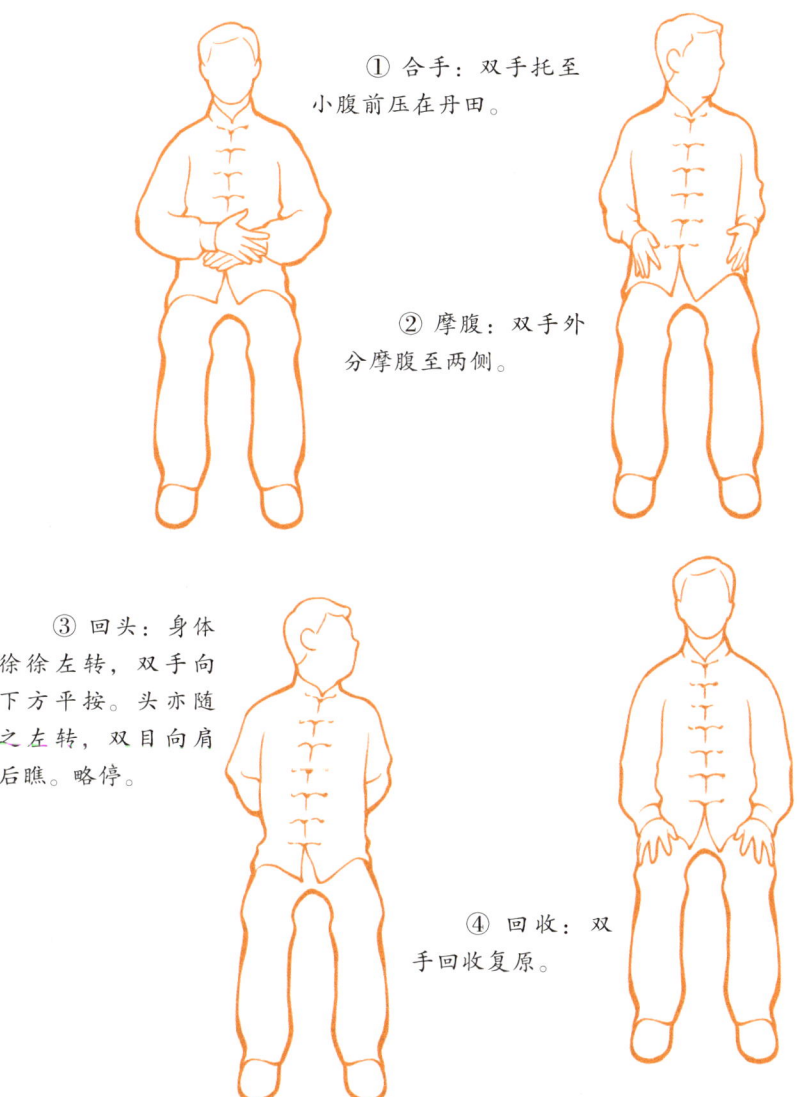

① 合手：双手托至小腹前压在丹田。

② 摩腹：双手外分摩腹至两侧。

③ 回头：身体徐徐左转，双手向下方平按。头亦随之左转，双目向肩后瞧。略停。

④ 回收：双手回收复原。

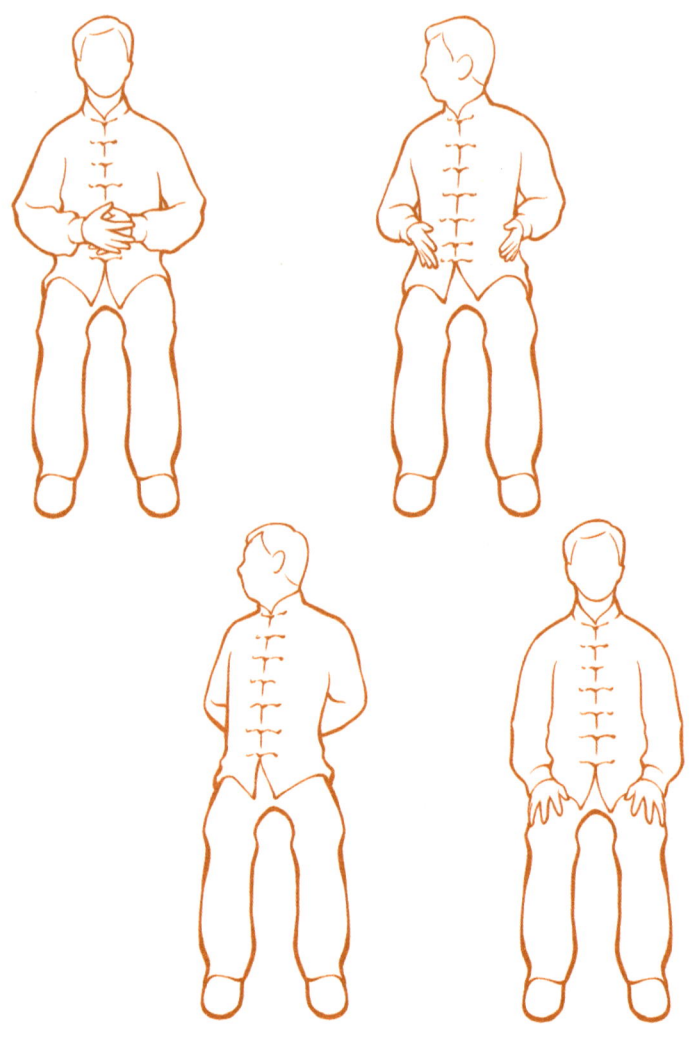

再向右侧转做。左右轮做四次。
合手和摩腹(吸气),转头眼望后方和复原(呼气)。

（6）八段锦第五式：摇头摆尾去心火。
操作法：

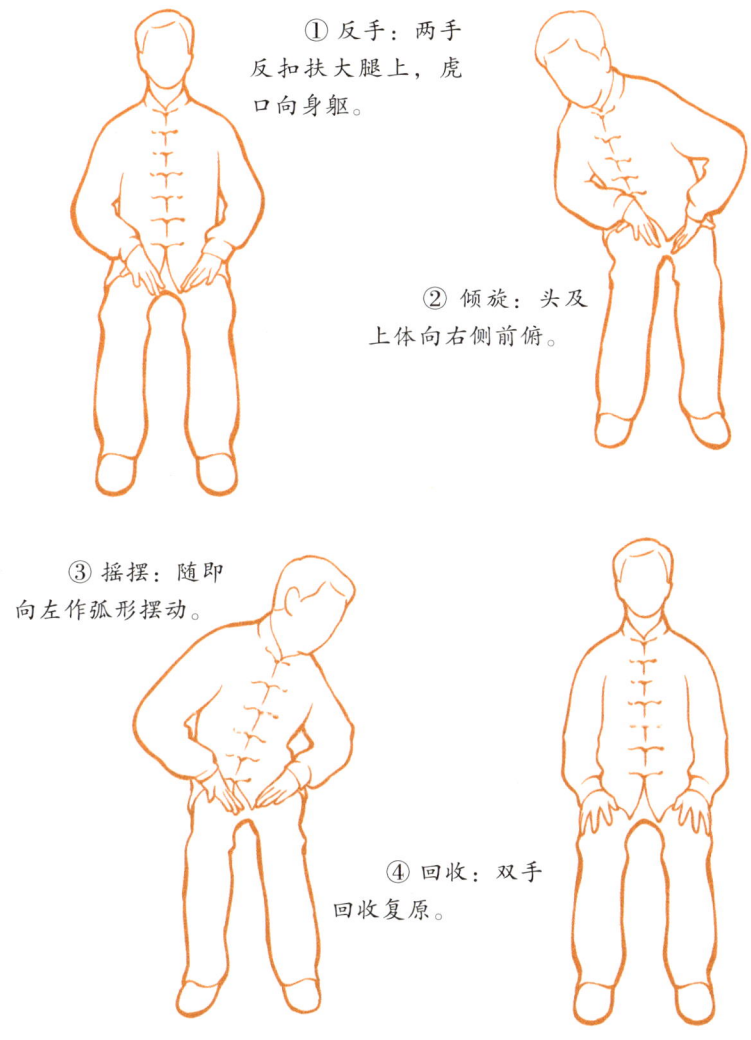

① 反手：两手反扣扶大腿上，虎口向身躯。

② 倾旋：头及上体向右侧前俯。

③ 摇摆：随即向左作弧形摆动。

④ 回收：双手回收复原。

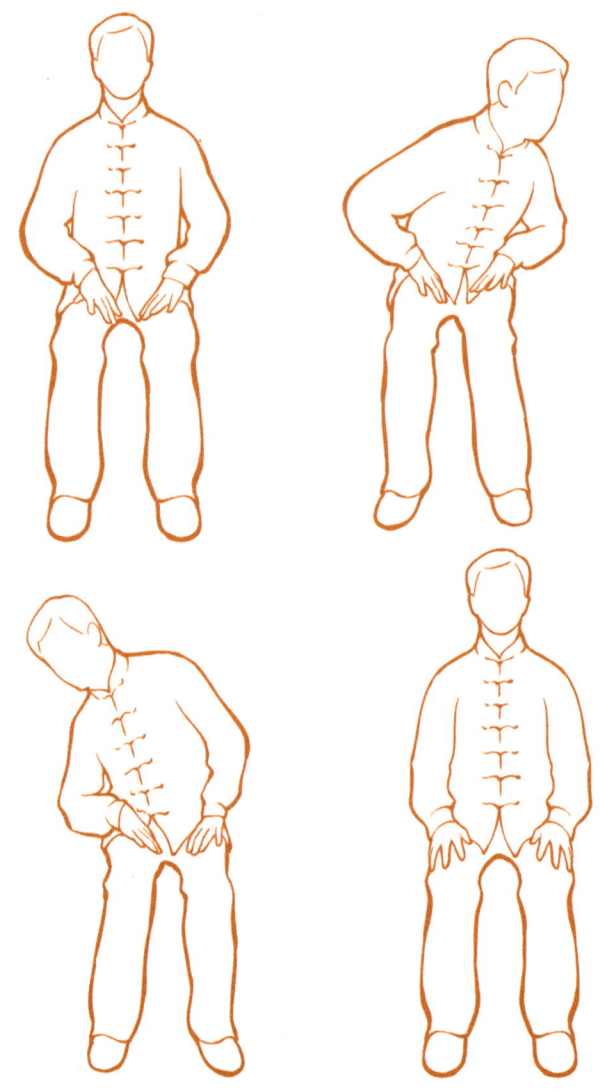

再向右作同样摆动,各四次。
反手、倾旋(吸气),摇摆、复原(呼气)。

（7）八段锦第六式：两手攀足固肾腰。

操作法：

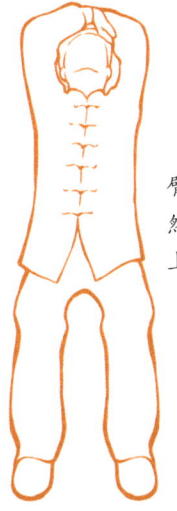

① 上抱：两臂交叉于两眉前，然后翻臂，掌心向上，托至头顶。

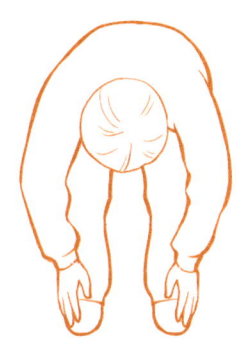

② 攀足：上体前屈，膝盖挺直，两手攀两足尖。头高抬，随后恢复直立。

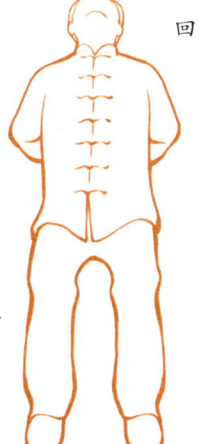

③ 固肾：两手虚握，从两侧收至后背，抵住后腰腰眼处，上体后仰，复原。

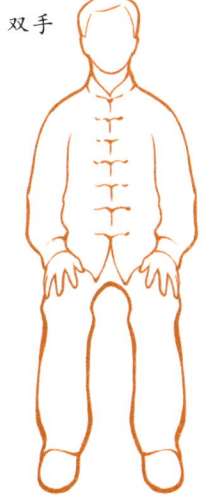

④ 回收：双手回收复原。

上抱、攀足(吸气),固肾、复原(呼气)。

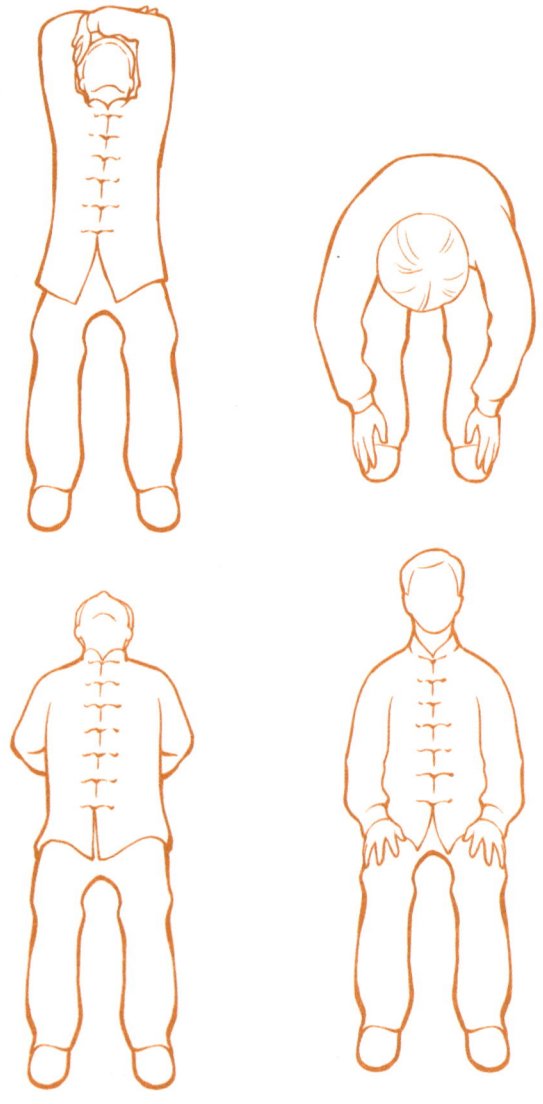

（8）八段锦第七式：攒拳怒目增气力。
操作法：

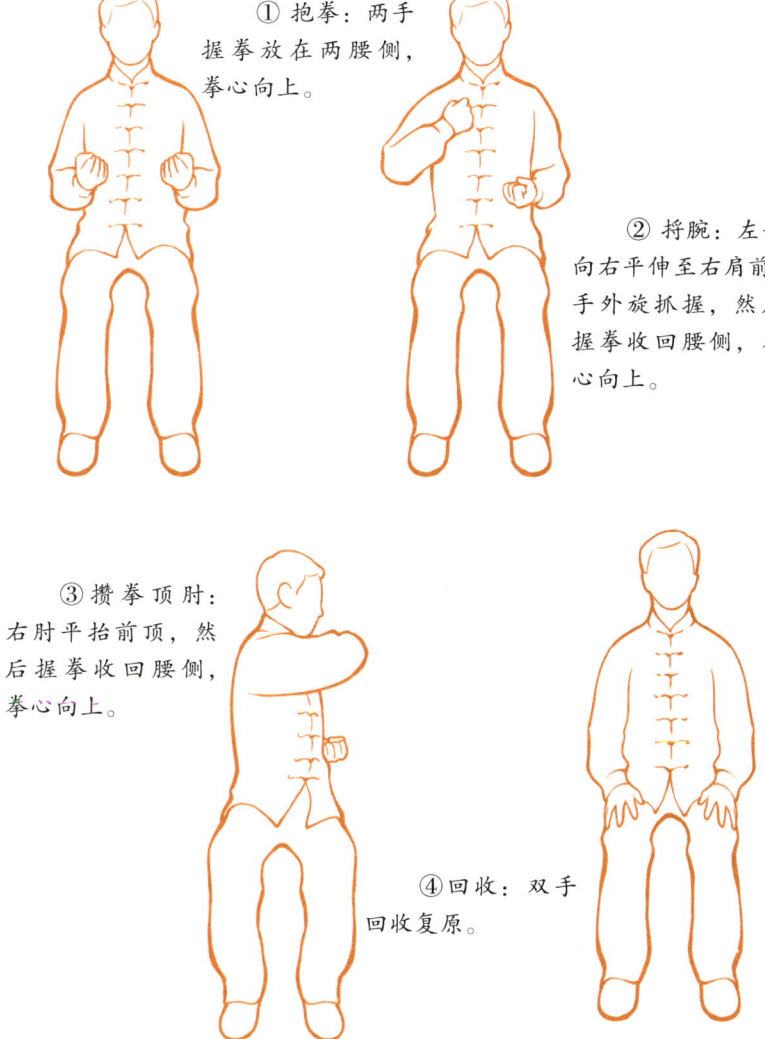

① 抱拳：两手握拳放在两腰侧，拳心向上。

② 捋腕：左手向右平伸至右肩前，手外旋抓握，然后握拳收回腰侧，拳心向上。

③ 攒拳顶肘：右肘平抬前顶，然后握拳收回腰侧，拳心向上。

④ 回收：双手回收复原。

然后反向操作，轮换，共八次。

抱拳、捋腕（吸气），攒拳顶肘和复原（呼气）。

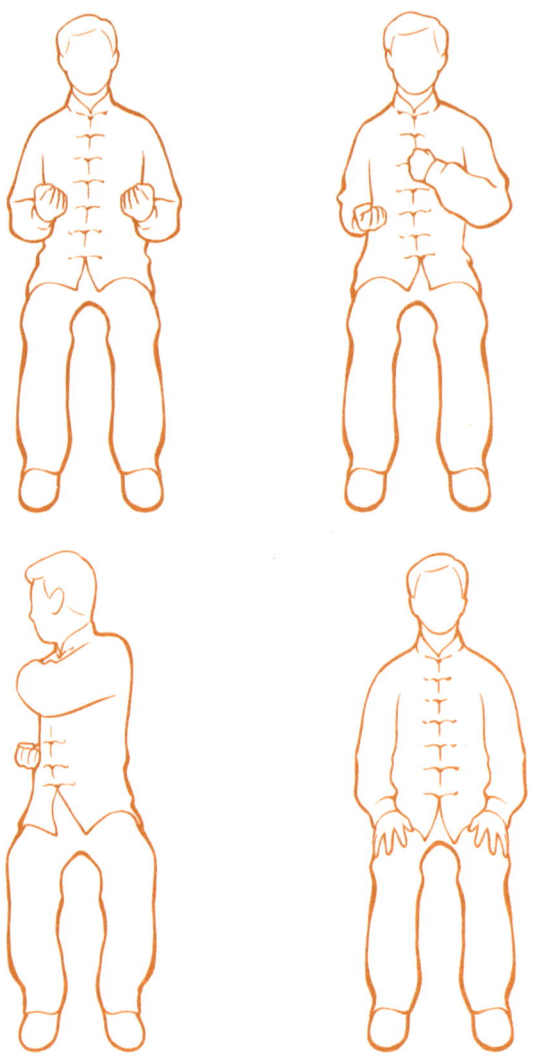

（9）八段锦第八式：背后七颠百病消。

操作法：

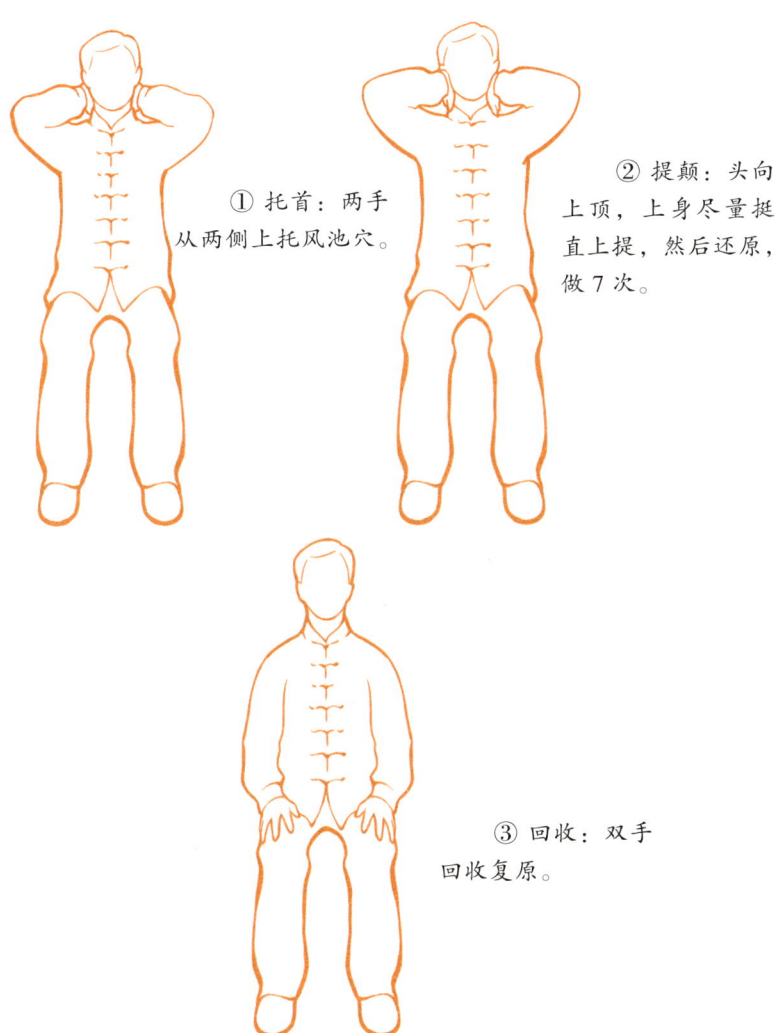

① 托首：两手从两侧上托风池穴。

② 提颠：头向上顶，上身尽量挺直上提，然后还原，做 7 次。

③ 回收：双手回收复原。

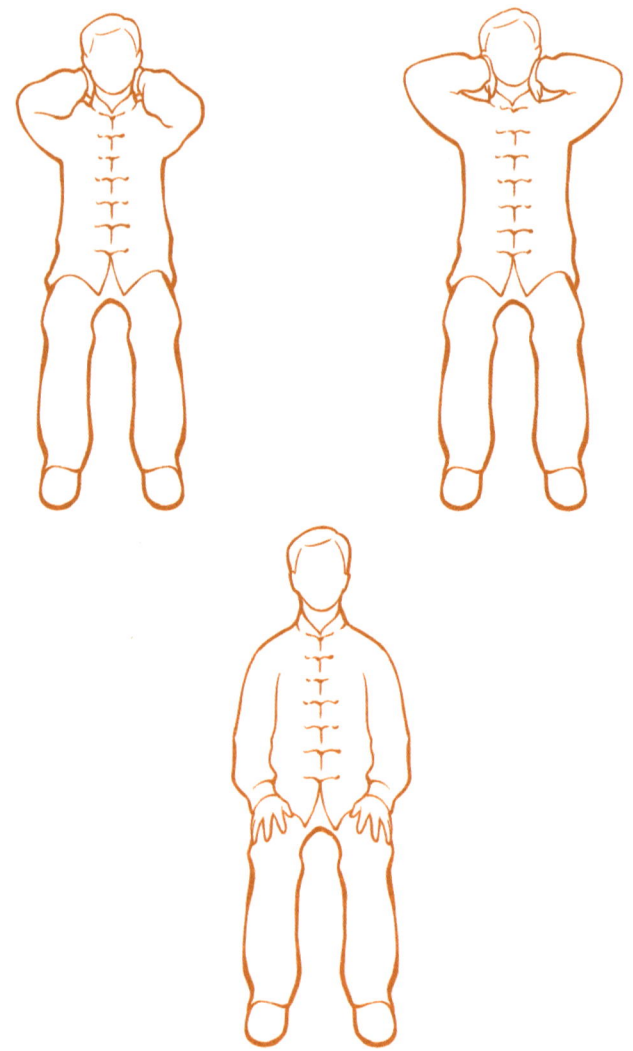

再重复1次。
头向上顶(吸气),复原(呼气)。

（10）八段锦收式

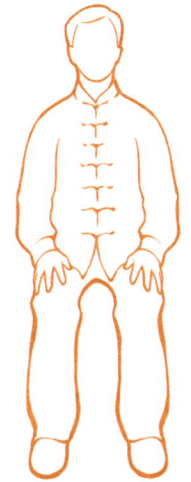

操作法：正身端坐，两手抚膝，足开肩宽，静息调形。

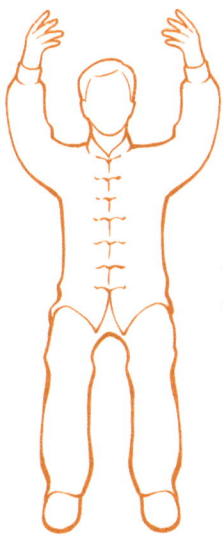

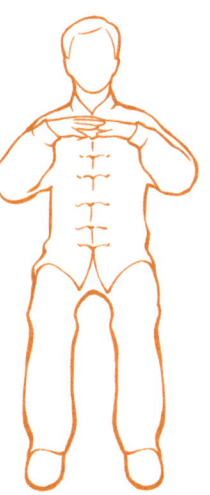

两手臂手心向内环抱，从身体前面向上抱起，至头顶时曲臂，掌心向下压至丹田之前。做二至三次。

双手向上至头顶（吸气），向下压（呼气）。

双手上抱，曲臂下按，气沉丹田，全身放松。

5. 基本要领

作为养生保健功法，八段锦的动作形成了固定的姿势和套路，习练者尤其是初学者要尽可能地先掌握动作要领和规范，然后勤而习之，熟能生巧，才能更好地发挥八段锦导引气血、调理脏腑经络的功效。当然，熟练动作要领之后，就不必拘泥，更要注重对八段锦导引内涵的领悟。对于锻炼导引术的要点，著名的养生著作《云笈七签》卷36中的《四气摄生图》指出其关键在于宣通四肢血脉，可不追求形势。"即不必鸾飞凤举，猴掷虎蹲，但展四肢，动摇九窍，令其血脉流转，上下宣导"。《真气铭》也指出："凡欲去疾，导引为先，经脉不拥，关节不烦。或如射雕，侧身弯环；或曲腰脊，如蟾半圆；交指脑后，左旋右旋；径展手足，气出指端；摆掣四肢，捉搦三关；热摩赤泽，气海亦然。是以摄养有方，则寿同龟鹤；若恣情放逸，则命比蜉蝣。"

（1）步法要领

① 立步：主要见于预备式，每一式的开始和结束。一般先将重心移至支撑足，微降重心站稳，然后将待移动的脚迈出或收回，两脚间隔一竖足宽，重心回移居中，平稳站立。

② 开步：主要见于姿势较高的动作，如双手托天。一般先将重心移至支撑足，微降重心站稳，然后将待移动的脚迈出，两脚间隔与肩同宽，重心回移居中，平稳站立。

③ 马步：主要见于姿势较低的动作，如攒拳怒目。一

般先将重心移至支撑足，降重心站稳，然后将待移动的脚迈出，两脚间隔三足宽，重心回移居中，平稳站立，膝裹裆圆。

（2）手法要领

抱手叉指：双手掌心相对，抱向于小腹前，两手手指交叉。

端手对指：双手同时从小腹前提起，向上平端，双手掌心向上，两手手指相对。

合手压指：双手托至小腹前，压在丹田，一般男性左手在内，右手在外，女性反之。

抓手握指：手外旋抓握，然后握拳。

（3）身法要领：

挺身拔脊，开胸张脊，转身拧脊，俯身抻脊。

（4）动作要领：

先移重心，再动身步，手眼配合，姿势准确。

第二节 第二段——调形训练

对于快走、游泳等一些运动锻炼，掌握动作要领后，一般会通过调整运动强度和时间来加强锻炼效果。但是对于导引，当我们基本掌握了八段锦的基本动作规范后，我们还有许多空间来提高其养生保健的效果，如调形等。即中医认为通过调整形体可以起到调整脏腑功能的作用，这也是导引功法在养生保健方面区别于或优于一些现代体育锻炼的地方。

对此，我们首先要了解形体与五脏的关系。

1. 形体与五脏

五脏，是心、肺、脾、肝、肾的合称，是身形的核心结构。

（1）肝，位于腹部，横膈之下，右胁之内。肝为魂之处，血之藏，筋之宗。肝在五行属木，主动，主升，主要生理功能是主疏泄和主藏血。肝开窍于目，主筋，其华在爪，在志为怒，在液为泪。肝与胆不仅是足厥阴肝经与足少阳胆经相互络属，而且肝与胆本身也直接相连，而为表里。

如果肝的疏泄功能减退，则肝气郁结，心情易于抑郁，稍受刺激，即抑郁难解；影响气机的疏通和畅达，会出现胸胁、两乳或少腹等某些局部的胀痛不适等病理现象；影响血行，会形成瘀血，或为癥积、肿块，在妇女则可导致经行不畅、痛经、闭经等；影响津液的输布代谢障碍，产生痰、水等病理产物，或为痰阻经络而成痰核，或为水停而成臌胀。

如果肝的升发太过，则心情易于急躁，稍有刺激，即易于发怒，气的升发过亢，会出现头目胀痛、面红目赤、易怒等病理表现，如果血随气逆，会导致吐血、咯血等血从上溢的病理表现，甚至可以导致卒然昏不知人，称为气厥。

肝的疏泄功能异常，还能影响脾的功能，出现眩晕、飧泄、呕逆嗳气、脘腹胀满疼痛、便秘等，还可影响胆汁的分泌与排泄，而出现胁下胀满、疼痛、口苦、纳食不化，甚至黄疸等症。此外，还可以影响妇女的排卵和月经来潮以及男子的排精。

在反复而持久的情志异常情况下，亦会影响肝的疏泄功能，而导致肝气郁结，或升泄太过的病理变化。

如果肝藏血功能失常，不仅会引起血虚或出血，而且也能引起机体许多部分的血液濡养不足的病变。如肝血不足，不能濡养于目，则两目干涩昏花，或为夜盲；若不能濡养于筋，则筋脉拘急、肢体麻木、屈伸不利等；如果不能濡养肝魂，则魂不守舍，可见惊骇多梦、卧寐不安、梦游、梦呓以及出现幻觉等症。此外还可引起月经量少，甚则闭经，或月经量多，甚则崩漏等症。

（2）心：心居于胸腔，为神之居，血之主，脉之宗，在五行属火，主要生理功能有两方面，一是主血脉，二是主神志。心开窍于舌，其华在面，在志为喜，在液为汗。手少阴心经与手太阳小肠经在心与小肠之间相互络属，故心与小肠相为表里。

由于心主血脉，所以如果心气不足、血府亏虚、脉道不利，势必形成血流不畅，或血脉空虚，而见面色无华，脉象细弱无力等外在表现，甚则发生气血瘀滞，血脉受阻，而见面色灰暗，唇舌青紫，心前区憋闷和刺痛等外在表现。

由于主神志，因此，心主神明的生理功能正常，则精神振奋、神志清晰、思考敏捷、对外界信息的反应灵敏和正常。如果心主神志的生理功能异常，即可出现精神意识思维的异常，如失眠、多梦、神志不宁，甚至谵狂；或可出现反应迟钝、健忘、精神委顿，甚至昏迷、不省人事等临床表现。

（3）脾，位于中焦，在膈之下。为气血生化之源，"后天之本"，在五行属土，主要生理功能是主运化、升清和统摄血液。脾开窍于口，其华在唇，在志为思，在液为涎，主肌肉与四肢。

如果脾主运化水谷功能失常，会出现腹胀、便溏、食欲不振，以致倦怠、消瘦和气血生化不足等病变。

如果脾主运化水液功能减退，必然导致水液在体内的停滞，而产生湿、痰、饮等病理产物，甚至导致水肿。

如果脾主升清功能不足，可出现神疲乏力、头目眩晕、腹胀、泄泻等症，脾气（中气）下陷，则可见久泄脱肛，甚或内脏下垂等病症。

如果脾主统血功能异常，容易出现便血、尿血、崩漏等症状。

（4）肺：位于胸腔，为魄之处、气之主，在五行属金，主要生理功能包括：主气、司呼吸，主宣发肃降，通调水道，朝百脉而主治节，以辅佐心脏调节气血的运行。肺上通喉咙，外合皮毛，开窍于鼻，在志为忧，在液为涕。手太阴肺经与手阳明大肠经相互络属于肺与大肠，故肺与大肠为表里。

由于主气、司呼吸，主宣发和肃降，因此，肺失于宣散，即可出现呼气不利、胸闷、咳喘，以及鼻塞、喷嚏和无汗等病理现象；肺失于肃降，即可出现呼吸短促或表浅，咳痰、咯血等病理现象。

由于肺主通调水道，如果相关功能减退，就可发生水液停聚而生痰、成饮，甚则水泛为肿等病变。

（5）肾：位于腰部，脊柱两旁，左右各一，藏有"先天之精"，为"先天之本"。肾在五行属水。主要生理功能为藏精，主生长、发育、生殖和水液代谢；肾主骨生髓，外荣于发，开窍于耳和二阴，在志为恐与惊，在液为唾。由于足少阴肾经与足太阳膀胱经相互络属于肾与膀胱，肾与膀胱在水液代谢方面亦直接相关，故肾与膀胱相为表里。

如果肾精亏虚，会出现发育迟缓、早老早衰，生殖功能低下。

如果肾阴虚，会出现内热、眩晕、耳鸣、腰膝酸软、遗精、舌质红而少津等。

如果肾阳虚，会出现疲惫乏力、形寒肢冷、腰膝冷痛和萎弱、小便清长或不利或遗尿失禁、舌质淡，以及性功能减退和水肿。

如果肾中精气的蒸腾气化失常，则既可引起关门不利，小便代谢障碍而发生尿少、水肿等病理现象。也可引起气不化水，而发生小便清长、尿量增多等病理现象。

如果肾的纳气功能减退，摄纳无权，呼吸就表浅，可出现动辄气喘，呼多吸少等病理现象。

2. 训练要求

（1）虚领顶劲：所谓顶劲，即武术和动形导引要求的顶头悬。虚领，即虚虚领起，徐致一认为："虚领者，谓当用虚灵之意（即不用力）自引其顶。"虚领顶劲是功法对头部的要求。练习时要求头向上顶，但颈部肌肉不要僵直，头部动作应与身体位置和方向的转换协调一致。杨澄甫《太极拳说十要》云:"顶劲者,头容正直,神贯于顶也。不可用力,用力则项强,气血不能流通,须有虚灵自然之意。非有虚灵顶劲,则精神不能提起也。"在这里强调一下,头部保持姿势时千万不要用力,如果用劲贯于头顶之上,就像把物体顶起来就错了,容易导致气机上逆。因此,训练时虚领顶劲多与调气的气沉丹田配合使用,可以较好地防治颈肩肌肉劳损。

(2)身正脊直:要求锻炼时保持身体周正,头部虚虚向上领起,上身放松,从头顶沿脊柱如一串铜钱垂下,节节贯穿。可以调整任督二脉,防治脊柱损伤。

(3)沉肩坠肘:训练时要求放松两肩关节,不使其耸起,即沉肩;进而舒展肩部肌肉和韧带,使两肩向下放松沉坠至肘关节,使肘尖常有下垂之意,即坠肘。这是肩肘放松、节节贯穿的意境,可以较好地防治肩背上肢肌肉劳损。

(4)含胸拔背:含胸拔背是与故意挺胸对应,是放松胸背部肌肉的结果。这时胸部放松不似之前高挺,有略微往里凹的意境,背部是自然往外平展放松。这样有利于任督二脉由背部向胸腹循环,调整周身气机,也可以较好的防治背部肌肉劳损。

(5)含颔虚腋:含颔即下颔虚含放松,与虚领顶劲配合,可以放松喉部,调整咽喉部气血运行;与舌抵上腭配合可以调整任脉。虚腋就是腋下放松,不要贴牢身体,感觉可以容下小球。与沉肩坠肘配合有助于放松肩肘关节，气机贯穿。

（6）圆裆裹膝：圆裆多配合松腰落胯，意识上裆部微提，有提肛缩阴的意境，是导引功法的要求，配合虚领顶劲、含胸拔背和气沉丹田，有助于建立任督二脉的循环。裹膝即微屈膝关节，有助于膝关节放松，气机贯穿。

（7）舌抵上腭：导引功法中又称"搭鹊桥"。要求锻炼时舌尖虚抵上齿龈，舌头中部拱起轻抵上腭。导引功法这样可以沟通任督二脉的桥梁。督脉为阳脉之海，总督周身阳脉，循背上行；任脉为阴脉之海，总任一身阴脉，沿腹下行，两脉顺接于上腭和舌根，舌抵上腭有助于任督二脉顺接，形成循环，调整周身气血阴阳。

（8）全身放松：即周身放松。有助于机体气机顺畅，气血阴阳的调整。

第三节　第三段——调筋骨训练

抻筋拔骨是八段锦锻练的重要要领和身形特征。这种调整筋骨肌肉的训练可以更好地强化导引功法增进强身健体的功效。

1. 筋骨与脏腑

中医学认为，肝主筋，肾主骨，脾主肌肉，肝肾脾脏分别与筋骨肌肉密切相关，只有相应的脏腑功能正常，筋骨肌肉才能健壮。因此，锻炼肌体，首先要调养脏腑，反之，通过锻炼筋骨肌肉，调整经络，也可以调理相应的脏腑，达到强身健体、延年益寿的目的。

2. 筋骨之保健

（1）骨之保健：①动养骨，适当的锻炼，可以有助于骨骼发育和强健，尤其是离心样运动，可以纵向刺激骨骼，有助于长骨生长，有益于身高的发育；②适量补钙，多晒太阳，有利于钙质吸收、强健骨骼；③健脾补肾，有利于钙质等骨骼所需营养的吸收和骨质的正常生长代谢。

（2）筋之保健：①动养筋，中医学提到的筋，指骨骼肌和韧带等组织，适当锻炼，可以有助于骨骼肌和韧带的发育和强健，尤其是适当运动，可以刺激骨骼肌蛋白的生长和糖原超量恢复，有助于肌肉生长，有益于体魄强壮；②适量补充蛋白质，多运动，有利于骨骼肌生长；③健脾养肝，有利于蛋白等骨骼肌所需营养的吸收。

（3）肉之保健：①动养肉，中医学提到的"肉"，指平滑肌等组织，适当的锻炼，避免固定姿势太久，如久坐，可以有助于平滑肌的发育和强健，避免劳损；②适量补充蛋白质，多运动，有利于平滑肌生长；③健脾，有利于肌肉组织的正常生长代谢。

3. 八段锦调筋骨训练

（1）静松筋骨，通透自然。八段锦讲究动静结合，松紧转换。在进行轻柔调整的动作时，要注意放松自然，劲力通透。

（2）动紧两端，抻筋拔骨。在做发力动作时，注意找到发力的两端，利用拮抗力形成对抗，达到抻筋拔骨的目的。

第四节　第四段——调息训练

作为导引功法的学习训练，当我们基本掌握了动作规范和形体筋骨调整的要领后，我们还可以通过调整呼吸以提高功法的养生效果。中外养生家都非常注重通过呼吸训练调整身心健康，如中国的各类吐纳功法、导引功法和武术，以及印度瑜伽功法等。

腹式呼吸可分为顺呼吸和逆呼吸两种，所谓顺腹式呼吸法是指吸气时让腹部凸起，吐气时压缩腹部使之凹入的呼吸法，亦称"自然腹式呼吸"。逆腹式呼吸方法则相反：吸气时腹部凹进，而呼气时腹部突出，故称"改造自然反式呼吸"。

1. 腹式呼吸训练

常见的呼吸主要有两种方式：胸式呼吸和腹式呼吸。胸式呼吸以肋骨和胸骨活动为主，吸气时胸廓前后、左右径增大，我们平时多采用胸式呼吸。腹式呼吸以膈肌运动为主，吸气时胸廓的上、下径增大。这是传统保健功法常采用的一种呼吸方式。我国古代医家早就认识到腹式呼吸有祛病延年的奇功，并创造了"吐纳""龟息""气沉丹田""胎息"等健身方法。唐朝名医孙思邈对腹式呼吸尤为推崇，他每天于黎明至正午之间行调气之法，仰卧于床上，舒手展脚，两手握大拇指节，距身四五寸，两脚相距四五寸，数数叩齿饮玉浆（唾液）。然后，引气从鼻入腹，吸足为止，久住气闷，乃从口中细细吐出，务使气尽，再从鼻孔细细引气入胸腹。这种腹式深呼吸，吐故纳新，使人神清气爽。

开始训练腹式呼吸时，我们可以有意识地在吸气时使横膈肌下降，使腹压增加，感觉好像是空气直接进入腹部，这时若把手放在肚脐上，会感觉手被微微顶起。一般我们每次训练可以呼吸20—30次，每天训练2—3次。

正常的胸式呼吸一次约10—15秒，能吸入约500毫升空气。而腹式呼吸时膈肌每下降1厘米，肺通气量可增加250—300毫升。可以大大增加我们的肺活量。坚持腹式呼吸半年，通常可使膈肌活动范围增加4厘米。训练腹式呼吸运动量较小，方便新冠肺炎等疾病患者初愈时恢复心肺功能，还可以起到以下一些效果：

（1）扩大肺活量，改善全身脏器组织的供氧。

（2）改善心肺功能。

（3）增加肺部尤其是肺中下部的新陈代谢，促进肺炎后的功能康复。

（4）可以改善腹部脏器的功能，改善脾胃功能，有利于舒肝利胆，促进胆汁分泌。

（5）预防便秘和痔疮。

（6）促进盆腔血液循环。

在学会腹式呼吸之后，我们也可以进行打坐调气的训练。打坐调气是一种简单有效且易于操作的康复方法。主要通过调整呼吸，调整人体内气血阴阳，锻炼脏腑的功能。

具体方法：平坐后，将两条腿交叉盘于体前，脊柱正直，抬头平视，放松身心，调整呼吸，逐步入静。根据不同个体腿脚关节及肌肉肌腱韧带的柔韧度情况，可以采取或双盘或单盘或双脚均在下方的普通简单盘坐。研究表明，有意识加强腹式呼吸既有助于肺的结构和功能维持，也有利于腹腔脏器的运动和功能改善。

2. 逆腹式呼吸训练

开始训练腹式呼吸时，我们可以有意识的在呼气时使横膈肌会下降，使腹压增加，感觉好像是空气直接进入腹部，这时若把手放在肚脐上，会感觉手下微微被顶起。通常训练可以呼吸20—30次，每天训练2—3次。

练习腹式呼吸和逆腹式呼吸要注意以下几点：

（1）循序渐进：锻炼方式：先练顺腹式呼吸、再练逆腹式呼吸；锻炼时间先短后长。

（2）量力而行：根据个人条件和感受，以舒适为度。

（3）持之以恒：坚持锻炼，才能收到良好效果。

（4）呼吸深慢匀长。

（5）以下一些情况不适合做腹式呼吸或逆腹式呼吸训练：

身体不适、过度饥饱、饭后等情况。

疝气患者、孕妇和手术后等需要避免腹压过大的人群。

八段锦调息训练

（1）开式挺胸，伸颈吸气。在八段锦每一小节开始的头两个姿势，多先运用胸式呼吸，挺胸纳气，松背引颈吸气，突出八段锦的抻字要诀。

（2）发力拔背，吐息沉丹。在八段锦每一小节第三个姿势，多先运用腹式呼吸，含胸拔背，呼气，意念上气沉丹田，突出八段锦的拔字要诀。

（3）收式放松，自由呼吸。在八段锦每一小节第四个姿势，即收式，多运用自由呼吸，同时全身放松。

第五节　第五段——调神训练

中医学认为，精气神是生命活动的重要元素，在调整形体和气机的同时，配以精神情志的训练，可以达到更好的养生保健功效。

1. 心主神明

神：广义的神是指人体生命活动外在表现的总称，包括生理性或病理性外露的征象；狭义的神是指精神意识思维活动。中医学认为：形与神俱，不可分离，这种形神一体的认识是中医学基础理论之一，它是在唯物主义自然观的基础上形成的。中医学认为，人体的形神是一个阴阳对立统一的整体，相互作用推动了生命的运动和变化，如果神去则气化停止，形将死亡，生命也就完结。可见，神是人体生命的根本，因此，《素问·上古天真论》强调只有"积精全神"，才能"精神内守，病安从来"，达到"故能形与神俱，而尽终其天年"。

神以五脏藏神的形式，对内对外调控着生命的活动。在对机体的生命活动进行调控的同时，作为精神意识，也包括了精神活动的高级形式即思维，如《素问·灵兰秘典论》中说"心者，君主之官，神明出焉"。《灵枢·本神》则描述了相关过程："所以任物者谓之心，心有所忆谓之意，意之所存谓之志，因志而存变谓之思，因思而远慕谓之虑，因虑而处物谓之智。"

2. 情志与健康

精神疗法主要用于情志疾病。情志生于五脏，五脏之间有着生克关系，所以情志之间也存在这种关系。由于在生理上人的情态变化有着相互抑制的作用，在病理上和内脏有密切关系，故在临床上可以用情志的相互制约关系来达到治疗的目的。如"怒伤肝，悲胜怒……喜伤心，恐胜喜……思伤脾，怒胜思……忧伤肺，喜胜忧……恐伤肾，思胜恐。"（《素问·阴阳应象大论》）

> 悲为肺志，属金；怒为肝志，属木。金能克木，所以悲胜怒。
>
> 恐为肾志，属水；喜为心志、属火。水能克火，所

以恐胜喜。

怒为肝志，属木；思为脾志，属土。木能克土，所以怒胜思。

喜为心志，属火；忧为肺志，属金。火能克金，所以喜胜忧。

思为脾志，属土；恐为肾志，属水。土能克水，所以思胜恐。

3. 八段锦调心训练

（1）静观呼吸，全身放松。呼吸深慢匀长，气沉丹田，注意力关注呼吸，周身放松。

（2）动观姿势，心随意转。动作时，注意力关注动作过程，注意周身轻灵，动作贯穿，形断意不断。

第六节　第六段——调经络训练

经络系统是导引功法发挥作用的重要基础。因此，在学习训练八段锦达到一定基础时，可以通过调整经络系统，提高其养生保健的效果。

1. 经络与脏腑

八段锦功法导引的基础是经络。经络是经脉和络脉的总称，相互贯穿，遍布全身，是运行全身气血，联络人体五脏六腑、肢体官窍及皮肉筋骨等组织，沟通上下内外，调节人体功能的一种特殊的复杂的通路系统。[84]经脉可分为正经和奇经两类。正经有十二条,即手足三阴经和手足三阳经,合称"十二经脉",是气血运行的主要通道。十二经脉有一定的起止、循行部位和交接顺序,在肢体的分布和走向有一定的规律,同体内脏腑有直接的络属关系。

奇经有八条,即督、任、冲、带、阴跷、阳跷、阴维、阳维,合称"奇经八脉",有统率、联络和调节十二经脉的作用。此外,十二经脉还在肘膝关节以下分出大的分支,称为十二经别,起到加强十二经脉表里两经以及经脉与脏腑间联系的作用。

络脉是经脉的分支,有别络、浮络和孙络之分。别络是较大的和主要的络脉。十二经脉与督脉、任脉各有一支别络,再加上脾之大络,合为"十五别络"。别络的主要功能是加强相为表里的两条经脉之间在体表的联系。浮络是循行于人体浅表部位而常浮现的络脉。孙络是最细小的络脉,《素问·气穴论》称它有"溢奇邪""通荣卫"的作用。

经筋和皮部,是十二经脉与筋肉和体表的连属部分。经络学说认为,人体的经筋是十二经脉之气"结、聚、散、络"于筋肉、关节的体系,是十二经脉的附属部分,所以称"十二经筋"。经筋有连缀四肢百骸、主司关节运动的作用。全身的皮肤,是十二经脉的功能活动反映于体表的部位,也是经络之气的散布所在,所以,把全身皮肤分为十二个部分,分属于十二经脉,称"十二皮部"。

表 2　经络系统简表

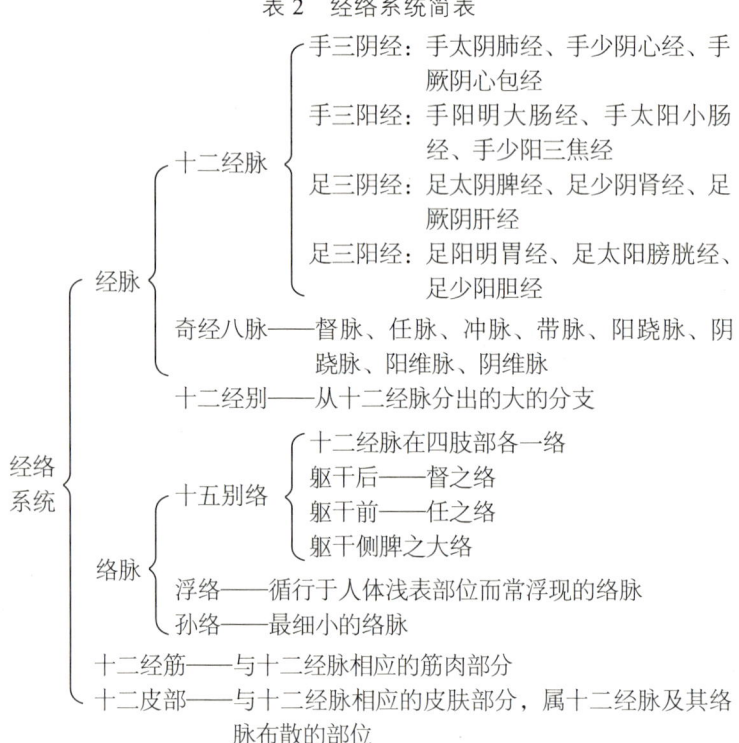

表 3　十二经脉络属脏腑表

阴经	属脏	络腑	阳经	属腑	络脏
手太阴	肺	大肠	手阳明	大肠	肺
手少阴	心	小肠	手太阳	小肠	心
手厥阴	心包	三焦	手少阳	三焦	心包
足太阴	脾	胃	足阳明	胃	脾
足少阴	肾	膀胱	足太阳	膀胱	肾
足厥阴	肝	胆	足少阳	胆	肝

表 4　奇经八脉分布和交会经脉简表

奇经八脉	分布部位	交会经脉
督脉	后正中线	任脉、冲脉、带脉、阳维、手足三阳、足少阴、足厥阴
任脉	前正中线	督脉、冲脉、带脉、手少阳、手太阳、足三阴、足阳明
冲脉	腹部第一侧线	任脉、督脉、带脉、足少阴、足阳明
带脉	腰部	督脉、足少阳等诸纵行经脉
阳跷脉	头部、肩、下肢外侧	阴跷、手太阳、手阳明、足太阳、足少阳、足阳明
阴跷脉	眼、下肢内侧	阳跷、手太阳、足太阳、足阳明、足少阴
阳维脉	头项、肩、下肢外侧	督脉、手太阳、手少阳、足太阳、足少阳
阴维脉	颈、腹部第三侧线、下肢内侧	任脉、足三阴

表 5　十二经筋分布简表

经筋	头 部	躯 干	四 肢
足太阳之筋	项，舌本，枕骨，头，鼻，目上，鼻旁，完骨	臀，夹脊，肩髃，缺盆	小趾上，外踝，踵，膝，腘
足少阳之筋	耳后，额角，颠上，颌，鼻旁，外眦	尻，季肋，腋前，膺乳，缺盆	第四趾上，外踝，膝外侧，外辅骨，髀，伏兔
足阳明之筋	颈，口，鼻旁，鼻上，目下，耳前	髀枢，肋，脊，阴器，腹，缺盆	中三趾，跗上，膝外侧，胫，膝外辅骨，伏兔，髀

（续表）

经筋	头 部	躯 干	四 肢
足太阴之筋		阴器，腹，脐，腹里，胁，胸中，脊	大趾内侧，内踝，膝内辅骨，阴股，髀
足少阴之筋	项，枕骨	阴器，脊内，夹脊	小趾下，内踝下，内辅下，阴股
足厥阴之筋		阴器	大趾，内踝前，胫，内辅下，阴股
手太阳之筋	颈，耳后完骨，耳中，耳上，颔，外眦，耳前，额，角	肩胛	小指上，腕，肘内锐骨，腋下
手少阳之筋	颈，曲颊，舌本，耳前，外眦，角	肩	无名指，腕，肘
手阳明之筋	颈，颊，鼻旁，角，颔	肩胛，夹脊	次指，腕，肘外，肩髃
手太阴之筋		缺盆，肩前髃，胸里，膈，季肋	大指上，鱼际后，寸口外侧，肘中，腋下
手少阴之筋		乳里，胸中，膈，脐	小指内侧，锐骨，肘内侧，腋
手厥阴之筋		前后夹胁，胸中，膈	中指，肘内侧，臂内侧，腋下

  人体的气、血、津液等通过经络系统输布全身后，才能发挥其营养脏腑组织器官、抵御外邪和保卫机体的作用。同时脏腑病变往往通过经络传导反映到体表，而体表一些穴位的良性刺激也通过经络传导到有关部位而产生治疗作用，正所谓"通则不痛，痛则不通"。"五脏有疾当取十二原"，脏

腑的病变也多通过经络得以反映，刺激穴位、疏通经络可疗治脏腑疾病。十二经络的原穴多分布在腕、踝附近，所以在八段锦功法中的加强腕、踝的动作，就可以起到刺激原穴以畅通经络的作用。[85]

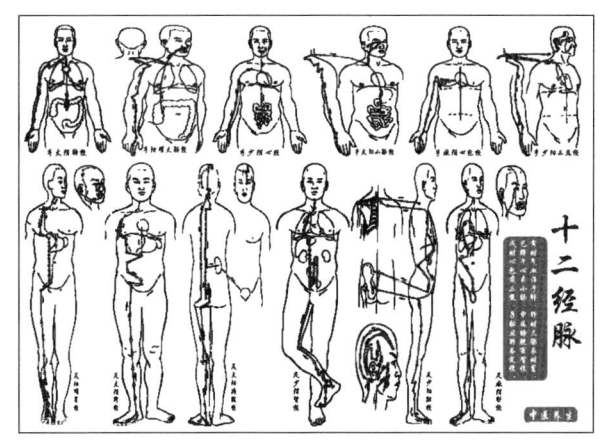

图 7　十二经脉走行图

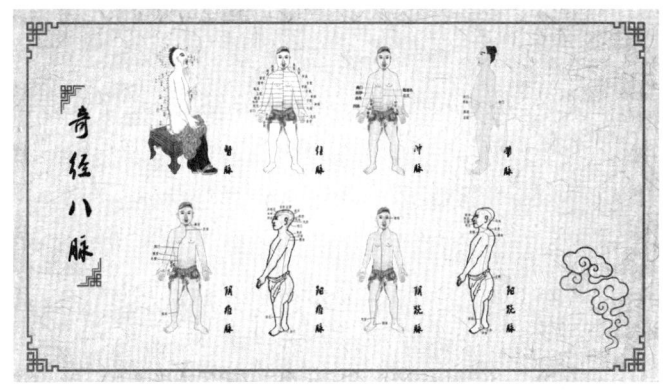

图 8　奇经八脉走行及穴位

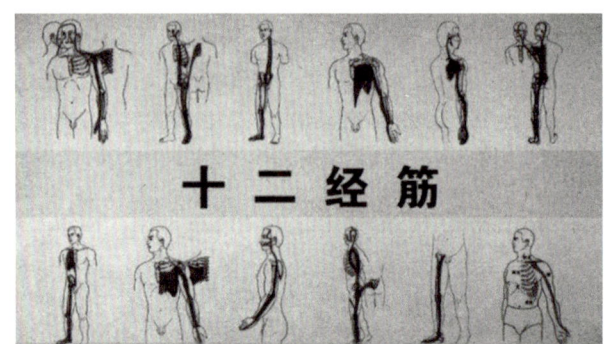

图 9　十二经筋分布图

2. 八段锦调整经络之研究

八段锦是形体活动与呼吸运动相结合的养生功法。常习八段锦可以舒活筋骨、疏通经络、畅通气血、消瘀散结、调理脏腑。[86] 健身气功八段锦通过本体的导引，由对经络的抻拉、穴位的刺激疏通其气血运行，进而对所属脏器起到良性刺激作用，提升脏器的功能，协调脏腑之间的关系，得以养精、固气、宁神，以固先天之本，以培后天之精，达到强身健体、益寿延年、养生康复之目的。[87]

"八段锦"功法每个动作根据经络循行起终交接规律，突出体现逢练必旋、逢功必绕的特点，这样缓解了末梢小血管痉挛状态，改善微循环，从而达到通经活络的目的。而每一式歌诀都与预防疾病，调理脏腑相联系，每式的练习都要求上下肢的协调配合，动作柔和不用僵劲，并且在整个过程中做到柔和缓慢、圆活连贯、松紧适度、动静相间。

中医认为：心肺有邪，其气留于两肘；肾有邪，其气留于两胠；肝有邪，其气留于两腋；脾有邪，其气留于两髀。而手臂的屈伸有助于对肘部的刺激，从而起到畅通心肺经络的目的。躯干运动可以刺激大椎、命门和任督二脉，以达到固肾壮腰之功效；下肢运动则可刺激足三阴、足三阳经，以达调理脾胃，疏肝利胆和固肾健腰之目的。[88]

八段锦的动作均已被传统健身术证明行之有效，每式的练习都要求上下肢协调配合，动作柔和，不用僵劲，并且在整个过程中做到连贯自然。八段锦的练习过程包含了许多抻筋拔骨的伸展性动作，这有利于提高机体的柔韧性，达到引体令柔的目的。动作柔和，不用僵劲，并且在整个过程中做到连贯自然。[89]

八段锦以经络循行交接为规律，每个动作要领都能达到疏通经络的目的。通过手臂的旋转与屈伸，不仅可以增加手臂的扭矩，而且可以刺激手三阴、手三阳的经脉，进而起到和畅心（手少阴心经）、肺（手太阴肺经）、肠（手阳明大肠经、手太阳小肠经）等脏腑功能的作用；躯干运动则可以通过扭转、拉伸等动作，刺激冲脉、任脉、督脉、足太阳膀胱经等纵行腰腹的经脉，以达到强腰固肾的功效；下肢运动可以刺激足三阴、足三阳的经脉，以达到疏肝（足厥阴肝经）利胆（足少阳胆经）、调理脾胃（足太阴脾经、足阳明胃经）的目的。

一项针对29名健康志愿者的临床研究显示，与对照组相比，持续练习12周八段锦的志愿者督脉循经红外辐射轨迹更清晰、更连续，且督脉线、大椎穴、命门穴的皮肤温度较对照组显著升高。持续练习八段锦后,练习者督脉皮肤温度升高,说明八段锦对督脉气血运行有促进作用。这也与临床观察相印证,为八段锦辅助临床治疗肩背部疾病提供了有力的实验依据。[90] 八段锦通过引体令柔,直接对体表相应的经络、穴位及反应点进行刺激,充分活动了颈椎、胸椎、腰椎及四肢,畅通经络血脉,从而起到调整机体的作用。[91]

3. 八段锦调经络训练

(1)一调三焦,天地通达,关冲无名,如环无端。

中医将人体分为上焦、中焦、下焦三部分,心、肺居于上焦,脾、胃、肝、胆居于中焦,肾、膀胱、大肠、小肠居于下焦。"双手托天"是指双手交叉上提这一动作,与尾闾对抻,牵拉上肢和胸腹部的肌肉,达到通调三焦的目的。

(2)二调肺脏,宽胸顺气,食指少商,反扣云门。

以"左右开弓似射雕"的动作为例,其刺激部位重点在胸廓位置,而胸廓是足少阴肾经与手厥阴心包经的交界之处。因此,这一动作的重点可调理肾、心包(其功能与心形似)两脏。

(3)三调脾胃,中脘斡旋,上下对抻,脾升胃降。

"调理脾胃须单举"的动作,其刺激部位是胸腹部。依据经络的循行路线,胸腹部自内向外依次为任脉、足少阴肾经、足阳明胃经、足太阴脾经、足厥阴肝经。相关动作可通过上下相对地牵拉以疏通经脉,由此调和肾、胃、脾肝等脏腑功能。[92]

(4)四调带脉,任督拧转,脾疏肾固,先天后天。

"五劳七伤往后瞧"一式：双臂伸直外旋，转头，夹脊，刺激督脉大椎穴有助于益气通阳，疏导一身之阳气。气为阳，阳主动，有推动温煦作用，对大椎穴的良性刺激，有助于推动、温煦脏腑经络及组织器官的生理活动，养护五脏六腑，以调理"五劳七伤"给脏腑造成的损害。

（5）五调心脏，少冲反扣，打开极泉，补北泻南。

心火，即心火亢盛。"摇头摆尾去心火"的核心动作为俯仰摇摆。头部的俯仰，牵拉颈项部的肌肉，刺激大椎穴，从而达到泻热的目的。此外，一部分心火是由肝火传来的。胯部的摇摆，牵拉臀部的肌肉，刺激环跳穴，疏通胆经的经气，泻肝胆火。摇头和摆胯两个动作连贯完成的同时，整个脊柱受到刺激疏通督脉，亦可泻热。因此，该动作通过刺激胆经和督脉达到泻火的目的。

（6）六调肾脏，攀附小趾，握固肾俞，通调任督。

"双手攀足固肾腰"式通过双手的摩运与躯体的前曲后伸，可抻拉督脉、对命门穴、委中穴起良性刺激作用。俯身时牵拉膀胱经，可梳理膀胱经，劳宫穴属心经，双手固肾可对肾起到温煦作用，增强了对肾精的养护，以壮腰强肾。肾与膀胱相表里，抻拉促进肾的养精藏精功能，而膀胱的气化功能，又取决于肾气的盛衰，牵拉可加快膀胱经的气血循行，加强两者相互滋养。

（7）七调肝脏，冲压章门，调理肝胆，养筋增力。

"攒拳怒目增气力"式通过"攒拳"就是"冲拳"，前顶后拉的冲拳练习可以带动体侧的肝胆经进行运动，起到柔筋养精的作用。"怒目"就是睁大眼睛，目为肝之外候、肝开窍于双目，怒目是为了疏泄肝气。肝主筋，筋主力气，冲拳和怒目可以养肝、养筋，增加手指的握力和脚趾的抓地能力，保持机体的年轻态。

（8）八调任督，百会涌泉，阴阳冲和，养生延年。

"背后七颠百病消"该式通过五趾抓地，脚跟上提，有助于刺激足三阴经、足三阳经的起始穴，进而促进足三阴经、足三阳经的气血循行。百会为诸阳之会，提踵过程中，气顶百会，有助于对全身阳经络进行刺激，鼓荡全身阳气。提踵之后的颠足，意在通过自身重量的自由下落产生的震动，对全身脏腑经络进行整理疏通，使体内鼓荡的"内气"平稳下来。[93]

第七节 第七段——调意念训练

提到动形导引，就是通过一定的形体行为动作，有意识地对形体筋骨、呼吸精神、经络和气机等调整，发挥强身健体的功效。这一过程实际上就有意识的参与，通过对意念的训练，可以更好地发挥导引的保健作用。

1. 意念与健康

意念：

《庄子》所说，"抱神以静，形将自正"。意守是调心的主要方法，意守则凝神入身，心静则神不外驰。健身气功意守的对象可以根据自己练功的状态决定，即意动相随。主要包括守内和守外,即意守自身和自身之外的事物。[94]八段锦在练习过程中既要注重身体外在的养护,更要重视心理和精神方面的养护。八段锦整套动作柔和缓慢、轻松自如、虚实分明,平稳的动作有助于精神汇聚,增强代入感,将身体姿态与精神感知巧妙结合,不仅对肢体进行运动,同时也使精神得到滋养,达到形神兼养之效。[95]健身气功蕴涵着丰富的民族传统文化,其养生思想博大精深,健身气功是通过对人们身体姿势、呼吸和意念的调节来达到强身健体、祛病延年的功效,其中八段锦是健身气功功法之一,是普遍被大众接受并喜爱习练的健身气功。[96]《素问·上古天真论》载:"呼吸精气,独立守神,肌肉若一",这是气功练习的整体概括。

2. 八段锦与意念

八段锦的练习方法包括呼吸、意念、姿势,讲究"调息""调心""调身"相结合,是以身体活动为基础,以意识为主导,内外结合的健身功法。八段锦练习者意念集中时可达到"恬淡虚无"的内心境界,不再关注此时的外界情况,此即"精神内守,病安从来",以此状态习练日久可达到健康长寿的效果。[97]当八段锦动作姿势与呼吸基本达到要求后,要逐步加上意念的练习,即调心。所谓调心,即是把习练者的思想、意念融合到肢体运动中去,排除思想杂念,精神集中,大脑入静。在练习八段锦时的心理活动不是"守一",而是意想动作过程,包括动作的规格、要点、重点部位及呼吸。如预备式——意守丹田,宁静心神,调整呼吸,端正身型；再如调理脾胃须单举——意想丹田，伸拉两肋，吸入清气，呼出浊气。调心的方法同调身、调息一样，是一个渐进的过程。具体来讲，在练功初期，主要是注意动作规范和掌握动作要点，在熟练掌握动作后，再把注意重点放在把握功法的内涵和风格特点，使动作与呼吸相互协调。随着功法的进一步熟练和技术水平的不断提高，动作趋于自动化，呼吸近于自然，心神也随之越来越恬淡，这时关注的重点应当是动作、呼吸和心理三调合一的相互配合与协调一致，使"形、意、气"紧密结合，达到练习八段锦的最终健身目标。

3. 八段锦调意念训练

（1）精神内敛，周身清灵。
（2）心随意转，意到力到。
（3）导引经络，松通贯穿。
（4）刚柔相济，全身放松。

第八节　第八段——调气训练

气是中国古代哲学重要概念，《庄子·知北游》里即提出"通天下一气耳"，可知古人认为气是万物的本源。中医学认为，气是构成人体的基本物质，也是推动人体生命活动的原动力。因此，气具有物质性，又具有承载能量和信息的特征。导引功法之所以可以产生神奇的养生保健的效果，最重要的是通过导引调整了气机并发挥了气的功能。因此，有意识的认识气的功能和特点，并训练掌握调整气的方法，将有助于我们更好的发挥导引功法的效果。

1. 气与脏腑

五脏六腑的构成及其功能的正常运行离不开气的滋养、调摄和推动。气布达全身，构成人体脏腑、经络、腠理、官窍、精血、津液等各种组织结构及功能。《灵枢·决气》载："黄帝曰：余闻人有精、气、津液、血、脉，余意以为一气耳"，气在人体有不同的称谓和功能，但合而为一，称为真气；又可分之为多，为精、气、津液、血、脉六别，细分则包括真气、宗气、营气、卫气等。在这一层次中，气的物质性与功能性并存；[98]从其功能性而言，气则分别通过脏气、腑气、经络之气等周流全身，通过对经络、脏腑系统的调控，输布营养、能量和信息，进而调整机体的生命活动。

2. 气与保健

人体之中，血气精神所以养生而周其性命，经脉所以行血气，荣气所以通津血，益筋骨，利关节，卫气所以温肌肉，充皮肤，肥腠理，司开阖。荣卫之气，在于通调和谐。气对机体的保健作用可通过疏通气道、调节气机升降、维持机体气化功能等方式实现。

此外，人体之气与自然界中的气一样，表现为升降出入的变化。《素问·六微旨大论》即提出："非出入，则无以生长壮老已；非升降，则无以生长化收藏，是以升降出入，无器不有。"由此可知，只有气行通畅，气的升降出入有序，阴阳交泰，达到气血和畅，才能维持人体正常的生命活动。

彭祖曰:"心无烦,形勿极。而兼之以导引,行气不已,亦可得长年,千岁不死。"[99]由此可见,调节人体气血运行通道的畅通,使脏气、腑气、经络之气顺畅通行,机体各部分正常运转,正是养生保健的根本要素之一。

3. 八段锦与调气

八段锦的八节动作分别从机体不同部位的活动入手,以动养气,调动气血运行,加强了气在体内的输布与濡养作用。调脏腑经络之气,以使人达到阴阳平调、气顺体健的状态是习练八段锦以防病治病的关键。《景岳全书》云:"凡五脏之气,必相互灌溉,故五脏之中,必各兼五气。"气循行于周身,是人体中最重要的基本物质,五脏六腑之气灌溉于机体,既各有侧重又相互联系、互为根本,共同作用于人体这个有机循环整体。[100]

八段锦的八节动作分别对应各自脏腑经络,在动诸关节而行周身之气的同时,又有各自的侧重点,如第一节"两手托天理三焦"着重通调三焦气机升降;第二节"左右开弓似射雕"则以疏通胸中宗气为主;第三节"调理脾胃须单举"则通过理脾气,助益体内营卫水谷之气的运行与输布。

此外,八段锦的每一术式都是全身运动的结果,每次吐故纳新的呼吸过程也是促进机体气机循环的一部分,根据肝、心、脾、肺、肾及其所络属的官窍、经络而周循,习练每一术式,机体气机都是肺脏的宣发肃降、脾胃的升降调节、肾脏的纳气、肝脏的疏泄和心脏的推动过程。

4. 八段锦调气训练

（1）开式宽胸，采纳自然。

（2）发力沉气，吐故纳新。

（3）收式放松，浑然天然。

第五章　八段锦配合六字诀训练法

在训练八段锦的基础上,我们还可以配合锻炼六字诀,以增强强身健体、祛病保健的效果。

第一节　六字诀溯源

六字诀健身气功,又称为吐纳法,从南北朝时期流传至今,是通过呼吸导引来强身健体、益寿延年的一种独特传统体育养生项目。

它是通过嘘、呵、呼、呬、吹、嘻六个字的不同发音口型,唇齿喉舌的用力不同,以牵动不动的脏腑经络气血的运行。它的最大特点是:强化人体内部的组织机能,通过呼吸导引,充分诱发和调动脏腑的潜在能力来抵抗疾病的侵袭,防止随着人的年龄的增长而出现的过早衰老。

历代文献对此有不少论述,秦汉的《吕氏春秋》中就有关于用导引呼吸治病的论述。《庄子·刻意》篇中说:"吹呴呼吸，吐故纳新，熊经鸟伸，为寿而已矣。"

在西汉时期《王褒传》一书中，也有"呵嘘呼吸如矫松"的记载。

南北朝时代陶弘景发明长息法。他在《养性延命录》一书中说："凡行气，以鼻纳气，以口吐气，微而行之名曰长息。纳气有一，吐气有六。纳气一者谓吸也，吐气六者谓吹、呼、嘻、呵、嘘、呬，皆为长息吐气之法。时寒可吹，时温可呼，委曲治病，吹以去风，呼以去热，嘻以去烦，呵以下气，嘘以散滞，呬以解极"。

隋朝天台高僧智𫖮大法师，在他所著的《修习止观坐禅法要》一书中，也曾提出了六字诀治病方法。

他谈到：但观心想，用六种气治病者，即是观能治病。何谓六种气，一吹、二呼、三嘻、四呵、五嘘、六呬。此六种息皆于唇口中，想心方便，转侧而坐，绵微而用。颂曰：心配属呵肾属吹，脾呼肺呬圣皆知，肝脏热来嘘字治，三焦壅处但言嘻。

传至唐朝名医孙思邈，按五行相生之顺序，配合四时之季节，编写了卫生歌，奠定了六字诀治病之基础。春嘘明目夏呵心，秋呬冬吹肺肾宁。四季常呼脾化食，三焦嘻出热难停。发宜常梳气宜敛，齿宜数叩津宜咽。子欲不死修昆仑，双手摩擦常在面。

明朝《正统道藏洞神部》，引用了太上老君养生法，说得更为具体。

书中说：呬字，呬主肺，肺连五脏，受风即鼻塞，有疾作呬吐纳治之。呵字，呵主心，心连舌，心热舌干，有疾作呵吐纳治之。呼字，呼主脾，脾连唇，脾火热即唇焦，有疾作呼吐纳治之。嘘字，嘘主肝，肝连目，论云肝火盛则目赤，有疾作嘘吐纳治之。嘻字，嘻主三焦，有疾作嘻吐纳治之。明朝太医院的龚廷贤在他的著作《寿世保元》中，也谈到六字诀治病。

书中有载："不炼金丹，且吞玉液，呼出脏腑之毒，吸入天地之清。"

又说："五脏六腑之气，因五味熏灼不知，又六欲七情，积久生病，内伤脏腑，外攻九窍，以致百骸受病，轻则痼癖，甚则盲废，又重则伤亡，故太上悯之，以六字诀治五脏六腑之病。"

"其法以呼字而自泻去脏腑之毒气，以吸气而自采天地之清气补气。当日小验，旬日大验，年后百病不生，延年益寿。卫生之宝，非人勿传。呼有六曰：呵、呼、呬、嘻、嘘、吹也，吸则一而已。呼有六者，以呵字治心气，以呼字治脾气，以呬字治肺气，以嘘字治肝气，以吹字治肾气，以嘻字治胆气。此六字诀，分主五脏六腑也。"

"六字诀"，是人们利用古人养生经验，针对配合呼气时，所发出"嘘、呵、呼、丝、吹、唏"这样的六个字音。通过这种以呼吸与声音的配同，为一种锻炼方法，以达到平衡体内阴阳为目的。这是一个较有深层次的功法。它属于"内养功"里的初级声法。有效地掌握并使用这种方法可予清除内在的病患。

"六字诀"来自上古时的"五戏势"。

后经梁代陶弘景,加以整理与提炼,将其"五戏势"中的声势,进行了柔性的静配同。这样一来,在简化提纯的基础之上,更适宜大众利用。

他在《养性延命录》中说:"凡行气以鼻纳气、以口吐气,微而引之,名曰长息。纳气有一,吐气有六。纳气一者,谓吸气。吐气有六者,谓:吹、呼、嘻、呵、嘘、呬也。此,皆出气也。"

对六字声,古有:春气常嘘,宜于肝。夏气常呵,气平田。秋气常呬,美中餐。冬亦守呼,眠安然。长夏宜守中宫灶,呼字为头,自当然。嘻于三焦乐陶陶,长细敏在寿乡间。

第二节 六字诀之研究

现代科学实验也证明了"六字诀"的五音与五脏具有对应关系,长期习练能有效提升身心健康状况。"六字诀"呼吸操重视鼻吸口呼,以意领气,深慢呼吸,融合了缩唇呼吸、腹式呼吸,也可以配合肢体运动,训练时先采用腹式呼吸进行深吸气,然后呼气时分别围绕"嘘、呵、呼、呬、吹、嘻"六字发音进行呼吸训练,通达调和了人体的三焦和五脏。"六字"呼吸环节能够从不同的途径锻炼膈肌及其他胸腹肌肉,增加呼吸深度、提高肺气的交换效率、提高肺部的通气总量和气体交换质量,逐步起到延长呼气时间,改善肺呼吸功能的作用。可以只是简单的进行腹式呼吸加六字发音的训练，也可以配合八段锦肢体运动。

第三节 八段锦配合六字诀训练

（1）八段锦之一：两手托天理三焦

其操作法：翻掌掌心托天，两足跟离地时呼气，同时发嘻字音，复原时自然呼吸。练"唏"字功时，两唇微启，稍向里扣，上下唇相对不闭合。舌平伸而微有缩意，舌尖向下，用力向外呼气。对于由三焦气机失调而引起的耳鸣、耳聋，以及腋下肿痛、齿痛、喉痹、眩晕、耳鸣、喉痛、胸腹胀闷、小便不利等疾患有效。

（2）八段锦之二：左右开弓似射雕

其操作法：拉弓状时呼气，同时发"丝"字音，复原时自然呼吸。练"丝"字功时，两唇微向后收，上下齿相对，舌尖微出，由齿缝向外发音。对肺部疾患，如：咳嗽、喘息等症有一定疗效。

（3）八段锦之三：调理脾胃须单举

其操作法：上托时呼气，同时发"呼"字音，复原时自然呼吸。练"呼"字功时，将嘴唇收束成为管状（撮口，口形要做到唇圆如筒），舌放平，向上微卷（劲）用力，并向前伸。对脾胃疾患，如：纳差、腹胀等症有一定疗效。

（4）八段锦之四：五劳七伤往后瞧

其操作法：转头眼望后方时呼气，复原时自由呼吸。不配和六字诀。

（5）八段锦之五：摇头摆尾去心火

其操作法：作弧形摆动时呼气，同时发"呵"字音，复原时自然呼吸。念"呵"字之口型为口半张，腮用力，舌抵下腭，舌边顶齿。对心系疾患，如：口疮、心慌等症有一定疗效。

（6）八段锦之六：两手攀足固肾腰

其操作法：两手虚握，抵住后腰腰眼处，上体后仰行固肾时呼气，同时发"吹"字音，复原时自然呼吸。练"吹"字功时，舌向里，微上翘，气由两边出。本法有补肾作用，可对治肾虚、腰膝酸软、盗汗遗精、阳痿、早泄、子宫虚寒等肾经疾患。

（7）八段锦之七：攒拳怒目增气力

其操作法：攒拳时呼气，同时发"嘘"字音，复原时自然呼吸。当念"嘘"字时，上下唇微合，舌向前伸而用内抽劲，牙齿横排，用平行力。呼吸时，勿令耳闻。当用口向外喷气时，横膈上升，小腹部行后收，这样吐气时，才能随之呼出而让嘘声，逼出肝区里的浊气。气全部呼出。本功法，对有肝郁或肝阳上亢所致的目疾、头痛等有一定疗效。

（8）八段锦之八：背后七颠百病消

其操作法：头向上顶（吸气），颠时呼气，复原时自由呼吸。不配合六字诀。

八段锦配合练"六字诀"时，需分为三个阶段进行。

第一阶段，要掌握好对逆腹式呼吸的练习。注意：逆腹式呼吸，是每当吸气时，要收紧腹部；而在吐（呼）气时，则要放纵腹部；同时并用于鼻吸口呼。

第二阶段，要掌握好呼吸时的姿式与吐音的准确性。

第三阶段，则转到意念与吐字时的气流，要保持它们之间的协同。

在练"六字功"时，轻吐气，要做到，匀、细、缓长。

参考文献

[1] （梁）陶弘景撰；宁越峰等注释.养性延命录[M].赤峰：内蒙古科学技术出版社，2002.6：1.

[2] 秦月兰，刘宇，陶美伊.健身气功八段锦在临床上的应用进展[J].当代护士（中旬刊），2014（07）：10—11.

[3] 丁继华.中国传统养生图典[M].北京：人民卫生出版社，2009.610.

[4] 郑杰文.中国古代实用养生术[M].北京：清华大学出版社，2009.1：24.

[5] （宋）洪迈撰，何卓点校.夷坚志（第一册）[M].北京：中华书局，2006.10：258—259.

[6] （宋）晁公武.郡斋读书志[M].南京：江苏古籍出版社，1988.493.

[7] （宋）黎靖德编.朱子语类[M].北京：中华书局，1986：3333.

[8] 吴志超，胡晓飞.导引健身法解说[M].北京：北京体育大学出版社，2002.6：260.

[9] 胡晓飞，李金龙.强身健体八段锦[M].北京：现代出版社，2003.9：80—81.

[10] （清）娄寿芝.八段锦坐立功图诀（国家图书馆古籍馆藏书）[M].山阴：芳草轩藏版，1876（清光绪二年）.

[11] 杨红光."八段锦"源流及其文化内涵探析[D]. 郑州大学，2011.
[12] (宋)蒲处厚撰.保生要录[M].北京：中华书局，1991：3—4.
[13] (宋)曾慥.道枢[M].上海：上海古籍出版社，1993.3：3702.
[14] 佚名.传世藏书·子库·修真十书[M].海口：海南国际新闻出版中心，1995：675—676.
[15] (明)冷谦.修龄要旨（马济人主编"气功·养生丛书"）[M].上海：上海古籍出版社，1990.7：8.
[16] 代金刚，曹洪欣.八段锦导引法对脏腑功能改善作用的研究[J].中国中医基础医学杂志，2014，20（04）：440—441+447.
[17] (明)高濂.遵生八笺[M].北京：人民卫生出版社，2007.
[18] (明)胡文焕编；孙春芳点校.类修要诀[M].北京：中医古籍出版社，1987：10.
[19] (清)尤乘撰；杨柳竹，宁越峰注释；朱德礼校译.寿世青编[M].赤峰：内蒙古科学技术出版社，2002.6：109—112.
[20] (清)徐文弼编；吴林鹏点校.寿世传真[M].北京：中医古籍出版社，1988.8：7—14.
[21] (明)徐春甫.古今医统大全（下册一卷之一百）[M].北京：人民卫生出版社，2008.7.
[22] (清)梁世昌.易筋经外经图说[M].北京：国家图书馆古籍馆藏书.
[23] 王怀琪，三武组整理.武术秘本图解丛书：王怀琪精功八段锦[M].合肥：安徽科学技术出版社，2018.
[24] 金倜庵，瀌浦，铁崖.岳武穆八段锦汇宗[M].合肥：安徽科学技术出版社，2018：29—55.
[25] 《八段锦》编写小组.八段锦[M].北京：人民体育出版社，1957.9：2—36.
[26] 无名氏.八段锦坐像立像（国家图书馆古籍馆藏书）[M].上海：绛雪斋，1903（清光绪二十九年）.
[27] 翁士勋.试论八段锦的发展与演变[J].浙江体育科学，1998（01）：55—58.

［28］李家晗.八段锦的历史源流与养生原理研究［D］.中国中医科学院，2019.

［29］吴志超.导引养生史论稿［M］.北京：北京体育大学出版社，1996.6：89—90.

［30］杨柏龙.气功标准教程［M］，北京：北京体育大学出版社，2006：260.

［31］连艳玲.八段锦导引法对疾病治疗作用研究进展［J］.中西医结合心血管病电子杂志，2017，5（31）：10—11+13.

［32］蔡冰.导引（八段锦）对上交叉综合征干预的临床研究［D］.福建中医药大学，2017.

［33］杨莹骊，王亚红，高树彪，等.基于文献计量分析的八段锦临床研究证据［J］.中医杂志，2019，60（08）：664—670.

［34］孙卉丽，王硕仁，王亚红.八段锦应用于冠心病心脏康复的系统评价［J］.长春中医药大学学报，2016，32（02）：326—329.

［35］石晓明，蒋戈利，刘文红，等.八段锦对冠心病患者心脏康复过程心肺功能的影响［J］.解放军医药杂志，2017，29（02）：24—27.

［36］林小丽，陈静薇，张广清，等.八段锦运动对冠状动脉搭桥术后患者生存质量的影响［J］.护理学报，2012，19（16）：63—67.

［37］Chen Dai-Mei，Yu Wen-Chung，Hung Huei-Fong，et al.The effects of Baduanjin exercise on fatigue and quality of life inpatients with heart failure：A randomized controlled trial［J］.European Journal of Cardiovascular Nursing，2018，17（5）：456—466.

［38］Xiong Xingjiang，Wang Pengqian，Li Shengjie，et al. Effect of Baduanjin exercise for hypertension：a systematic review and meta-analysis of randomized controlled trials［J］.Maturitas，2015，80（4）：370—378.

［39］郑丽维，陈庆月，陈丰等.八段锦运动对老年1级高血压患者血八管内皮功能的影响［J］.中国康复医学杂志，2014，29（03）：223—227.

［40］Xiao C，Yang Y，Zhuang Y. Effect of Health Qigong Ba DuanJin on Blood Pressure of Individuals with Essential Hypertension[J]. Journal of the American Geriatrics Society, 2016, 64(1): 211—213.

[41] 贾卫, 马秋平, 杨旭, 等. 八段锦对轻度认知障碍患者干预效果的Meta分析[J]. 中西医结合护理(中英文), 2019, 5(10): 6—11.

[42] Guohua Zheng, Bai Chen, Qianying Fang, et al. Baduanjin exercise intervention for community adults at risk of ischamic stroke: A randomized controlled trial[J]. Nature Publishing Group, 2019, 9(1): 1240.

[43] 王建平, 桂沛君, 谢瑛. 八段锦小组治疗对脑卒中后疲劳的康复效果研究[J]. 临床和实验医学杂志, 2020, 19(04): 399—403.

[44] 崔永胜, 杨慧馨. 八段锦锻炼对脑卒中患者平衡功能的干预研究[J]. 体育科技文献通报, 2019, 27(10): 1—3.

[45] 杨慧馨, 刘晓蕾. 太极拳和八段锦对脑卒中患者偏瘫下肢运动功能和表面肌电的效果[J]. 中国康复理论与实践, 2019, 25(01): 101—106.

[46] 李翠景, 常红, 魏娜, 等. 八段锦运动疗法对帕金森病合并轻中度抑郁患者生活质量及抑郁症状的干预效果观察[J]. 北京中医药, 2019, 38(11): 1129—1131.

[47] Xiao C, Zhuang Y, Kang Y. Effect of Health Qigong Baduanjin on Fall Prevention in Individuals with Parkinson's Disease[J]. Journal of the American Geriatrics Society, 2016, 64(11): 227—228.

[48] Jiang Y H, Tan C, Yuan S. Baduanjin Exercise for Insomnia: A Systematic Review and Meta-Analysis[J]. Behavioral Sleep Medicine, 2017: 1—13.

[49] 王英伟, 李秀东, 毕雪晶. 八段锦健身气功对社区老年人睡眠质量及记忆功能的影响[J]. 中国老年学杂志, 2019, 39(14): 3435—3437.

[50] 赵晓东, 魏慧军, 杨承芝, 等. 健身气功八段锦在失眠治疗中

的作用及机制探讨[J].世界睡眠医学杂志,2019,6(09):1213—1215.

[51] Tao J, Liu J, Liu W, et al. Tai Chi Chuan and Baduanj in Increase Grey Matter Volume in Older Adults: A Brain Imaging Study[J]. Journal of Alzheimers Disease Jad, 2017, 60(02): 1—12.

[52] 李红,王浪,赵丽,等.八段锦对稳定期COPD患者肺功能和运动耐力影响的系统评价[J].护理学报,2017,24(12):33—39.

[53] 陈燕华,肖璐,赵容,等.八段锦对稳定期慢性阻塞性肺疾病患者康复效果影响的meta分析[J].中国康复医学杂志,2018,33(04):451—456.

[54] Shi-Jie L, Zhanbing R, Lin W, et al. Mind-Body(Baduanjin) Exercise Prescription for Chronic Obstructive Pulmonary Disease: A Systematic Review with Meta—Analysis[J].International Journal of Environmental Research & Public Health, 2018, 15(9): 1830.

[55] 朱正刚,方淼,梁百慧,等.坐式八段锦锻炼对重度稳定期COPD患者气道炎性反应的影响研究[J].护理管理杂志,2017,17(01):55—57.

[56] 虞萍,姜秀峰.健身气功八段锦锻炼应用于慢性阻塞性肺疾病稳定期患者效果观察[J].皖南医学院学报,2019,38(06):607—610.

[57] 张婷婷,马秀琴,陈如华,等.规律八段锦运动对COPD稳定期患者肺功能、疲乏状况及活动耐力的效果评价[J].世界中西医结合杂志,2019,14(03):415—418.

[58] 朱正刚,陈燕.坐式八段锦锻炼对慢性阻塞性肺疾病患者活动耐力和生活质量的影响[J].中国老年学杂志,2016,36(09):2265—2266.

[59] 薛广伟.健身气功八段锦在慢性阻塞性肺疾病稳定期肺康复中的疗效评价[D].北京中医药大学,2014.

[60] 邓艳芳,陈锦秀.八段锦单举式对慢性阻塞性肺疾病患者康复效

果的影响［J］. 中华护理杂志，2015，50（12）：1458—1463.

［61］唐斌擎，折哲，熊必丹，等. 八段锦在哮喘肺康复干预中的作用初步研究［J］. 亚太传统医药，2019，15（12）：129—131.

［62］潘雁，朱彦，苏玮郁，等. 八段锦康复训练对肺叶切除术后患者的肺功能康复作用［J］. 临床肺科杂志，2020，25（03）：361—364.

［63］Junmao W, Tong Lin, Yinhe C, et al. Baduanjin Exercise for Type 2 Diabetes Mellitus: A Systematic Review and Meta-Analysis of Randomized Controlled Trials［J］. Evidence-Based Complementary and Alternative Medicine, 2017, 2017: 1—14.

［64］伍艳明，林凯玲，陈瑞芳. 八段锦养生法对糖尿病前期的干预作用分析［J］. 广州中医药大学学报，2011，28（02）：109—112.

［65］An T, He Z C, Zhang X Q, et al. Baduanjin exerts anti-diabeticand anti-depression effects by regulating the expression ofmRNA, lncRNA, and circRNA［J］. Chinese Medicine, 2019, 14（1）：3.

［66］彭冉东，邓强，李中锋，等. 八段锦对绝经后 2 型糖尿病合并骨质疏松症患者糖、骨代谢指标的影响［J］. 中医药导报，2019，25（23）：53—56.

［67］李琰，刘芳，彭晓玲，等. 八段锦对多囊卵巢综合征患者体征、性激素及卵巢超声的影响［J］. 湖南中医药大学学报，2018，38（02）：169—172.

［68］李琰，彭晓玲，刘梨，等. 八段锦对多囊卵巢综合征患者心理健康的影响［J］. 湖南中医杂志，2018，34（02）：7—9, 14.

［69］Liye Z, Albert Y, Xinfeng Q, et al. A Systematic Review and Meta-Analysis of Mindfulness-Based（Baduanjin）Exercise for Alleviating Musculoskeletal Pain and Improving Sleep Qualityin People with Chronic Diseases［J］. International Journal of Environmental Research & Public Health, 2018, 15（2）: E206.

［70］Li Huanan, Ge Di, Liu Siwen, et al. Baduanjin exercise forlow back pain: A systematic review and meta-analysis［J］. Complementary the rapies in medicine, 2019, 43: 109—116.

[71] 谢福. 八段锦锻炼对颈椎病颈痛疗效的影响 [J]. 颈腰痛杂志, 2020, 41（01）: 119—120.

[72] 何欣蔚. 八段锦对颈型颈椎病患者临床康复疗效的观察 [D]. 南京中医药大学, 2014.

[73] 张海英, 夏晓萍, 蒋佳英. 八段锦对护理人员非特异性腰背痛的改善作用 [J]. 齐齐哈尔医学院学报, 2019, 40（18）: 2365—2367.

[74] 彭小苑, 李巧萍, 黎小霞. 坐式八段锦锻炼对老年性骨质疏松患者腰背疼痛的影响 [J]. 护理学杂志, 2015, 30（21）: 4—6.

[75] 李小燕, 云洁, 何杰, 等. 八段锦对骨质疏松症患者干预效果的 Meta 分析 [J]. 中国骨质疏松杂志, 2020, 26（01）: 37—43, 84.

[76] 孙志成, 顾晓美, 欧阳钢, 等. 基于虚拟现实的八段锦对养老机构老年骨质疏松症患者跌倒风险及生活质量的影响 [J]. 中国医药导报, 2020, 17（01）: 90—93, 97.

[77] 秦凯华, 郭语艳, 杨慎峭, 等. 八段锦改善中老年人膝骨关节炎的机理浅析 [J]. 成都中医药大学学报, 2019, 42（03）: 9—11.

[78] 邱定荣, 林小丽, 赵经营, 等. 八段锦改善抑郁症状 Meta 分析 [J]. 新中医, 2019, 51（06）: 51—54.

[79] Jessie S, Li A, Ng S M, et al. Adiponect in Potentially Contributes to the Antidepressive Effects of Baduanjin QigongExercise in Women With Chronic Fatigue Syndrome-Like Illness [J].Cell Transplantation, 2016, 26（3）: 493—501.

[80] 高伟, 林柔伟, 代流通. 健身气功·八段锦对促进监狱人民警察心理健康的研究综述 [J]. 武术研究, 2018, 3（02）: 115—118.

[81] 柯小剑, 崔永胜, 张军. 健身气功·八段锦对颈肩综合征大学生心理特征的影响 [J]. 按摩与康复医学, 2019, 10（02）: 9—11.

[82] 伍永慧, 陈偶英, 罗尧岳, 等. 太极拳和八段锦在改善冠心病病人焦虑、抑郁情绪中的应用 [J]. 护理研究, 2016, 30（32）: 4050—4052.

[83] 黄燕颖, 冯杏. 八段锦运动对促进长期住院精神分裂症患者康复的效果观察[J]. 临床医学工程, 2019, 26（08）: 1143—1144.

[84] 李德新. 中医基础理论讲稿[M]. 北京: 人民卫生出版社, 2008: 47—49.

[85] 龚博敏. 国际文化视野下八段锦价值解析[J]. 中医药文化, 2016, 11（04）: 37—40.

[86] 王记生. 从中医角度谈传统健身方法——八段锦[J]. 河南中医, 2006,（01）: 81.

[87] 陈其玉, 程雪冬. 对健身气功八段锦的中医基础研究[J]. 商界论坛, 2013,（19）: 355, 313.

[88] 廖玉美. 从中医学角度浅谈新编"健身气功·八段锦"的功理与作用[J]. 搏击. 武术科学, 2009, 6（03）: 79—80.

[89] 杨艳, 朱方兴. 浅谈健身气功八段锦的养生作用[J]. 中共太原市委党校学报, 2015,（05）: 78—80.

[90] 萨喆燕, 潘晓华, 兰彩莲, 鄢行辉, 许金森. 基于红外热像技术探讨八段锦对督脉线上皮肤温度的影响[J]. 康复学报, 2017, 27（03）: 5—8.

[91] 姜敏, 王琦, 刘铜华. 浅谈八段锦对亚健康状态的调治[J]. 世界中西医结合杂志, 2010, 5（6）: 461—462.

[92] 龚博敏. 国际文化视野下八段锦价值解析[J]. 中医药文化, 2016, 11（04）: 37—40.

[93] 丁丽玲. 健身气功调养方法研究[J]. 体育文化导刊, 2009, 11（11）: 149—152.

[94] 李希颖, 杨加仙. "健身气功·八段锦"的中医理论解析[J]. 武术研究, 2019, 4（04）: 105—107.

[95] 黄丽英. 八段锦干预对中年女性睡眠质量及自主平衡调节能力的研究[A]. 中国体育科学学会（China Sport Science Society）. 2015第十届全国体育科学大会论文摘要汇编（一）[C]. 中国体育科学学会（China Sport Science Society）: 中国体育科学学会, 2015, 2.

[96] 晏显妮, 陈瑞芳. 浅谈健身气功八段锦与中医养生治未病的关系[J]. 湖南中医杂志, 2017, 33（09）: 135—136.

[97] 张继华.八段锦教学研究[J].搏击.武术科学,2009,6(01):83—84.
[98] 芮娜,蒋艳文,彭征屏,等.基于气和三焦理论探讨脏腑图点穴法的理论基础[J].中国医药导报,2017,14(10):120—123.
[99] 孙思邈.备急千金要方[M].北京:中医古籍出版社,1999,830—832,835,842—843.
[100] 周琦,周亚东.论华佗五禽戏调气养生之道[J].中医学报,2019,11(34):2295—2298.